子どもと創る
アレンジじゃんけん！

とっておきの学級あそび

くろぺん 著

東洋館出版社

はじめに

―とっておきのあそびを創造する過程を楽しもう―

いいあそびはない。とっておきのあそびがある。

これが本書で一貫して主張している考え方です。前著『こどもの心に響くとっておきの話100』では、教育書の中でも所謂〝いい話集〟の本を読み漁っても上手く話せなかった私の失敗経験から、自分や子どもたちにとっての「とっておきの話」を創造し、実践する重要性に触れました。

実はもう一つ、私が読み漁っていた教育書があります。それが所謂〝いいあそび集〟の本です。私は、学級あそびの本の執筆においても同じ考え方を主張します。

学級あそび集の本を読み漁るだけでは上手くいきません。誰かが決めたいい学級あそびをひたすら集めた結果に価値があるのではなく、**目の前の子どもたちと一緒にオンリーワ**

ンな『とっておきのあそび』を創造し、実践する過程にこそ価値があるのです。その過程を楽しめた先には、豊かな学級文化が築かれ、学級がチームとして大きな成長を見せるという結果が待っているはずです。

　私自身、これまでの教師生活で出会ってきた子どもたちと様々な「とっておきのあそび」を生み出してきました。その中で、学級あそびは「**楽求《がっきゅう》あそび**」であると強く実感しました。つまり、子どもたちと一緒に楽しく求め続ける「とっておきのあそび」の集合体が、学級あそびなのです。

　そんな学級あそびの一例として、本書ではじゃんけんをアレンジしたあそびを中心に紹介します。

　じゃんけんを甘く見てはいけません。私の学級では、じゃんけんだけでも100以上のアレンジを生み出し、**アレンジじゃんけん**と名付けて実践し続けてきました。

　子どもたちと一緒に実践していく過程は本当に楽しく、アレンジじゃんけんが学級文化の一つにまでなりました。実際、子どもたちは進級してからも当時のじゃんけんを思い出しては今もやっているそうです。そういう意味では、じゃんけん**一つしか学級あそびの引き出しがなくても、十分楽しめる**わけです。

本書では、100以上の「アレンジじゃんけん」そのものではなく、次の二点を中心にしたストーリーを、六つのステップに分けて紹介しています。

1．どんな過程を経て、それだけの数を生み出すことができたのか
2．その先でどのように学級文化として根付かせ、学級経営を豊かにしていったのか

魚ではなく、魚の取り方について視野を広げる一助になれたらと思います。前著『こどもの心に響く　とっておきの話100』は、100の説話そのものに価値があるだけでなく、読者自身が主体的に説話づくりの過程を楽しめるように執筆させていただきました。

そこには私の「ただの〝いい話集〟の本は書きたくない」という強い課題意識がありました。なぜなら、魚だけを追い求めても上手くいかなかった経験があるからです。

本書においても同じです。「ただの〝いいあそび集〟の本は書きたくないのです。今までの学級あそびの関連本とはひと味違う本を書きたいと筆を執り、ストーリーを紡ぎました。どれも私にとって特別なストーリーです。

ぜひそのストーリーを追いながら、あなたの学級でも、学級あそびを子どもたちと一緒に創造し、学級文化として根付かせ、学級経営を豊かにしていってください。私が本書で紹介するストーリーやアイデアは、あくまでもお手本ではなく叩き台です。あなたなりの読み取り方で、あなただからこそできる実践のヒントとしてお使いください。

まずは「目次」や「本書の使い方」をご覧ください。ただの学級あそび集の本ではないと、きっと感じていただけるはずです。また、車の部品にたとえることで、自分が目指したい学級あそび像のイメージも具体化されるはずです。

それでは、とっておきの学級あそび誕生に向けた、とっておきのドライブの旅にお出掛けください。いってらっしゃい。

目次

はじめに……1
本書の使い方……8

第1章 エンジンを点検し、かけ直す……10

ステップ1 Weを主語にする 子ども観の見直し

子どもたちの頭は、想像以上にやわらかい……12
担任の頭の固さが学級文化の貧しさに……16
担任だけを主語にして失敗
—Iの落とし穴—……20
子どもたちだけを主語にして失敗
—Youの落とし穴—……24
WeのつもりがTheyになっていて失敗
—Theyの落とし穴—……28
Weを主語にするために……32

ステップ2 Whyを深める 学級あそび観の見直し

学級あそびの定義と段階……36
学級あそびに関わる理論……40
どのあそびにも構成要素がある……46
定番のあそび「じゃんけん」……50
学級あそびの効果……54
Why（何のために）が大前提……60

第2章 タイヤを取り替え、アクセルを踏む……64

ステップ3 2つのサイクルを回す 方法の見直し

「この先生とだったら」の信頼度を上げる……66
PA理論から考える体験学習サイクル……70

「楽しんで終わり」にしない……76
追試実践による消費サイクルからの脱却……80
加工実践・創造実践による生産サイクル……84
責任と個性が伴う実践を……88
継続性と小さな変化を楽しむ……97

第3章 ブレーキをかけ、ナビを確認する……102

ステップ4 視野広く位置付ける 視座の見直し
あそぶ、まねぶ、まなぶ……104
休み時間中にこそ目を向ける……110
余暇との関係……114

オフラインのあそび経験が少ない子どもたち……118
オンラインとの両立……124
あそびのポートフォリオ化……128
生徒指導は「予防」に力を入れる……132

第4章 ハンドルを握り、進み続ける……136

ステップ5 AP（アクティブ・プレイング）で歩む 継続性と変化
授業へとつながるAP……138
P to Lなアレンジじゃんけんで学習規律や時間感覚を学ぶ……142

P to Lなアレンジじゃんけんで
人間関係を構築する……146
L to Pなアレンジじゃんけんで
国際理解を学ぶ……150
L to Pなアレンジじゃんけんで
計算練習をする……154

第5章 自動運転に切り替え、自走する……158

ステップ6 自律的にあそぶ 自律と創造

お楽しみ会の内容が変わってきた……160
学級あそびの変化が学年あそびの変化に……164
縦割り班活動（ユニット）と休み時間中の
運動場はあそびの異学年交流……168

子どもたちの成長を信じ、
抽象と具体を往還する……172
付録「アレンジじゃんけん100」と
「本書で紹介した学級あそび43」……176
まとめ「とっておきの学級（楽求）あそびを
生み出す6ステップ」図解……180
おわりに……182
謝辞……186
引用・参考文献……189

本書の使い方

「楽求あそび」という名の車のドライブを

みなさんは今、学級の子どもたちと一緒に「楽求あそび」という名の車に乗っているとイメージしてみてください。まさに車の運転にたとえ、次の表のように、章やステップごとに車の各部品を当てはめてみました。あなたなりのドライビングをお楽しみください。

楽求あそびの6ステップ	
1	Weを主語にする【子ども観の見直し】
2	Whyを深める【学級あそび観の見直し】
3	2つのサイクルを回す【方法の見直し】
4	視野広く位置付ける【視座の見直し】
5	AP（アクティブ・プレイング）で歩む【継続性と変化】
6	自律的にあそぶ【自律と創造】

↓

本書の章立て	楽求あそびのステップ	「楽求あそび」という名の車
第1章	ステップ1 ステップ2	エンジンを点検し、かけ直す
第2章	ステップ3	タイヤを取り替え、アクセルを踏む
第3章	ステップ4	ブレーキをかけ、ナビを確認する
第4章	ステップ5	ハンドルを握り、進み続ける
第5章	ステップ6	自動運転に切り替え、自走する

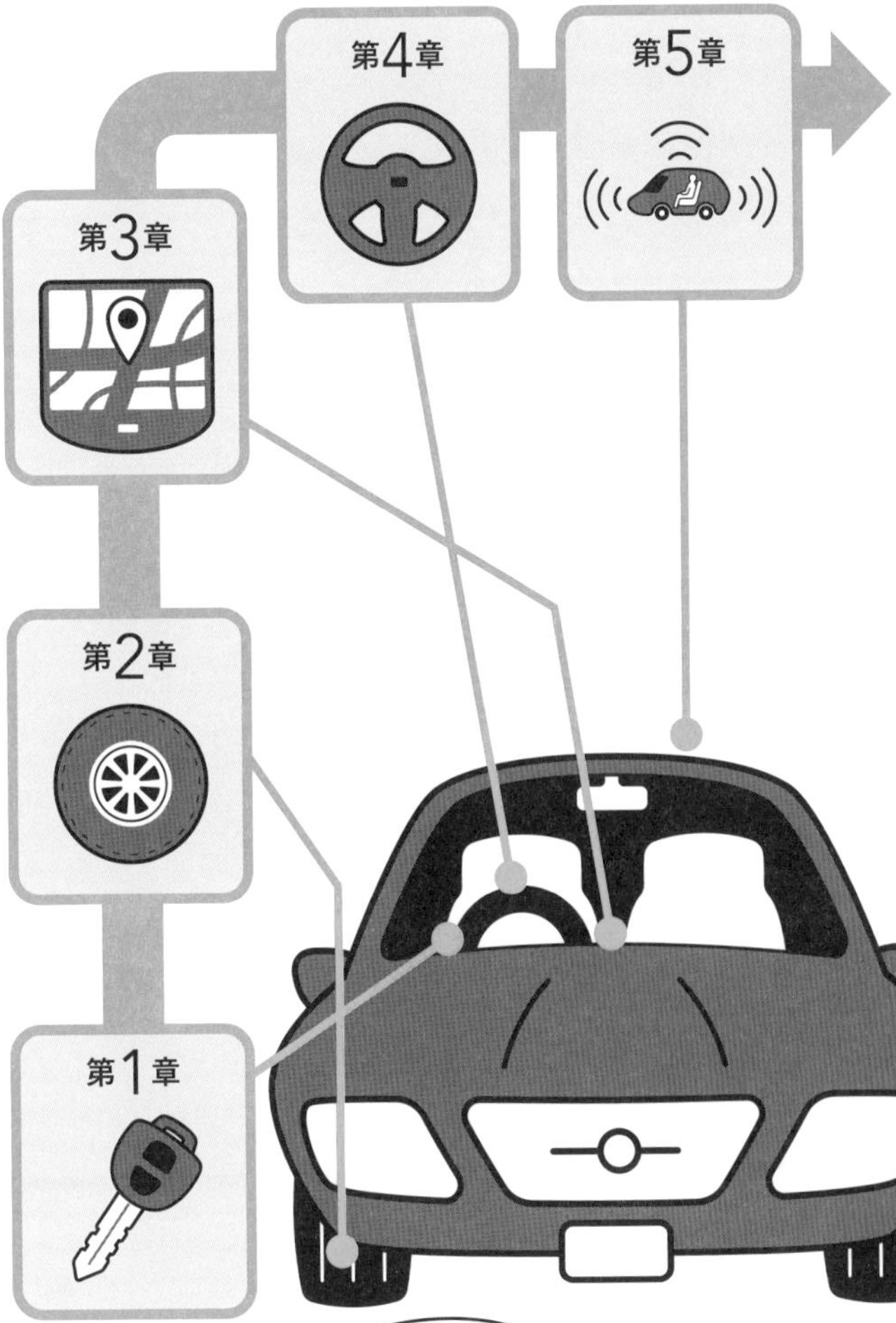

とっておきの「楽求あそび」

という名の車のドライブを楽しもう！

第1章

エンジンを点検し、かけ直す

ステップ1

Weを主語にする【子ども観の見直し】

ステップ2

Whyを深める【学級あそび観の見直し】

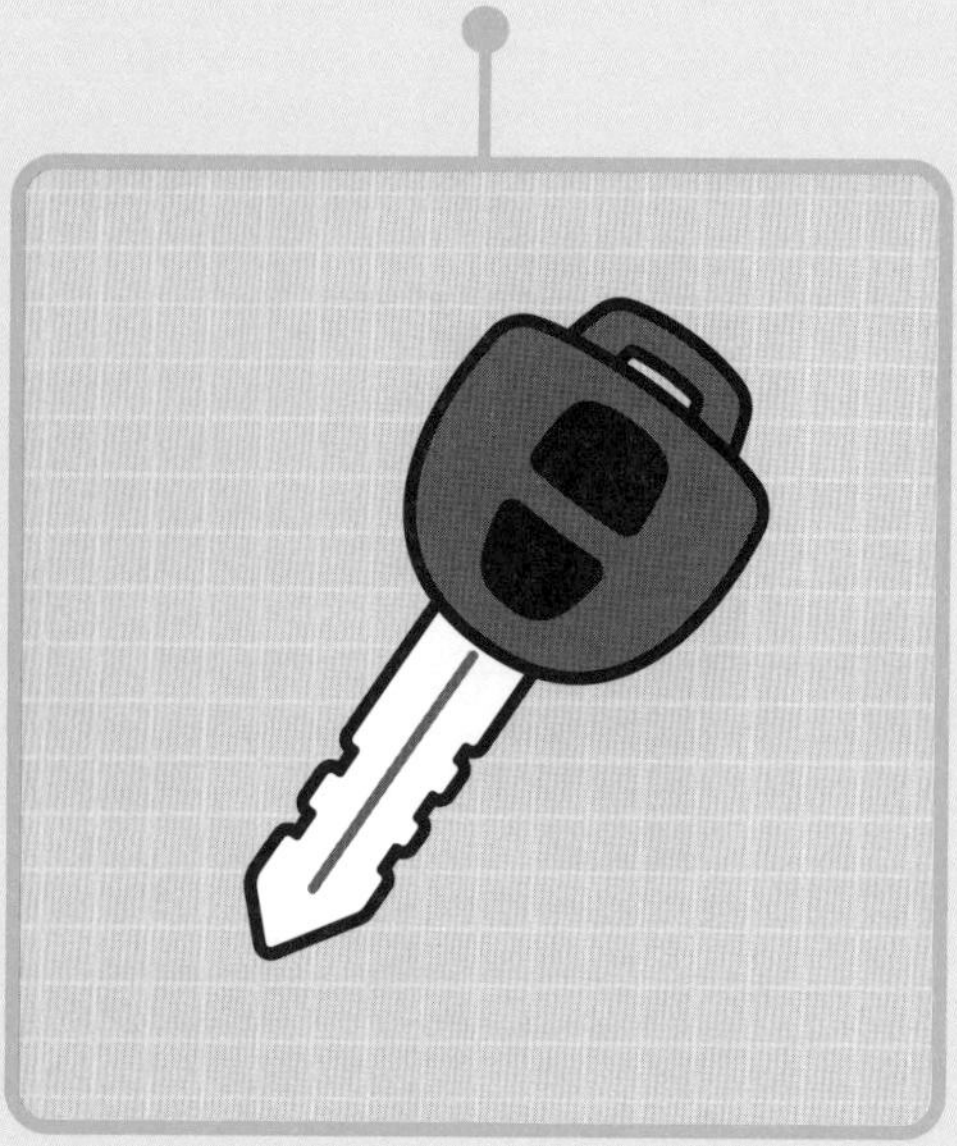

まずは『楽求あそび』の車のエンジンをかけましょう。その前に、本当にそのエンジンでよいのかを点検することが重要です。

ここで言う**エンジンとは、「観」を意味**します。どんな教育実践も、実践者である教師の観を磨いてから行うことで、その効果を何倍にも膨らませることができます。

では、学級あそびの実践をする際に磨くべき観とはいったい何でしょう。私は、次の二つの観を見直し、磨いていくべきだと考えます。

一つ目は、**子ども観**です。なぜなら、学級あそびの主体は子どもたちだからです。子ども観を見直し、どんな主語に立って実践していくべきなのかをまずは考えてみましょう。

二つ目は、**学級あそび観**です。本書ではそもそもの言葉の定義から理解を深め、学級あそびに関わる理論についても触れていきます。「何のためにあそびをするのか」について理解を深めていきましょう。きっとあなたの学級にとって目指したい学級あそびの理想像が、解像度高く見えてくるはずです。

Weを主語にする

子ども観の見直し

ステップ1

子どもたちの頭は、想像以上にやわらかい

私たち教師が思っている以上に、子どもたちの頭は柔軟さをもっています。なぜなら、担任が思い付かなかったアイデアを続々と生み出す力を秘めているからです。

左は、学級あそびの本でもよく紹介されるアレンジじゃんけんの一つ、**ギョーザじゃんけん**と呼ばれるものです。初めてこのアレンジじゃんけんを見つけたときは衝撃が走りました。「手の内はグー・チョキ・パーでなくてもよいのか！」と。

それまでのじゃんけんに対する固定観念を覆され、担任である私自身が早く子どもたちの前で実践したくて仕方ありませんでした。しかし、本当の衝撃は、15頁に掲載した**様々な料理じゃんけん**を紹介されたときでした。

これらのアレンジじゃんけんを創ったのは……私の学級の子どもたちです。私が紹介した「ギョーザじゃんけん」をヒントに、さらに別の料理はできないか想像を働かせたのです。確かに、ギョーザでなくても、三つの材料さえ思い浮かべば様々な料理を作ることが

【ギョーザじゃんけん】のやり方

グーは肉

チョキはニラ

パーは皮

３人でじゃんけんをします。

肉とニラ、皮がそれぞれ揃ったらギョーザの完成です。

つまり、３人がグー・チョキ・パーそれぞれ別の手の内を出さないといけません。

時間内に何個ギョーザを作ることができるか楽しみながらあそぶアレンジじゃんけんです。

できます。しかし、ある程度グーチョキパーという元の手の内から新しい手の内が想像されないと上手く覚えることができません。あまりマニアックな材料を手の内に指定するとわかりにくくなるのです。だからこそ「ギョーザじゃんけん」は、元の手の内の形からギョーザの材料を想像できるように工夫されています。ところが、**子どもたちは材料を一つに限定しないという柔軟な発想をして、グーを「具」とした**のです。

例えば、**カレーライスじゃんけん**を例に挙げてみましょう。確かに、カレーライスにはたくさんの具材が使われています。にんじん、じゃがいも、たまねぎは定番ですし、隠し味にチーズやりんご、チョコレートを入れることもあるかもしれません。そうした具材をまとめて「具（グー）」にしてしまったのです。

理解に苦しんだ大人の私は、「どうしてまとめてしまったの？」と聞きました。すると、「だってルーやライスもあってカレーライスでしょ？　三つにおさめるにはこうするしかないよ」という答えが返ってきました。ここでまた気になるのが、なぜチョキにルーを当てはめたのかです。理由を聞いてみると、「（袋に入っている液状の）ルーは袋の上をはさみで切って使うでしょ？　チョキチョキするからチョキはルーだよ」と答えたのです。

学級の子どもたちが考えた【様々な料理じゃんけん】

・【カレーライス】
　グー：具　チョキ：ルー　パー：ごはん
・【肉じゃが】
　グー：じゃがいも　チョキ：にんじん　パー：肉
・【酢豚】
　グー：豚肉　チョキ：にんじん　パー：たまねぎ
・【焼き肉】
　グー：肉　チョキ：チョレギサラダ　パー：ごはん
・【焼きそば】
　グー：肉　チョキ：麺　パー：ソース
・【アーリオオーリオ】
　グー：ベーコン　チョキ：にんにく　パー：パスタ麺
・【肉まん】
　グー：具　チョキ：肉　パー：皮
・【ラーメン】
　グー：具　チョキ：麺　パー：器（スープ）

３人でじゃんけんをします。

グー・チョキ・パーの代わりとなる材料がそれぞれ揃ったら料理の完成です。つまり、３人がグー・チョキ・パーそれぞれ別の手の内を出さないといけません。時間内にいくつ料理を作ることができるか楽しみながらあそぶアレンジじゃんけんです。

ステップ1

担任の頭の固さが学級文化の貧しさに

みなさんは、ルーとはさみがこのように結び付いたでしょうか？　こうした想像力の豊かさや柔軟な発想は、子どもたちだからこそできたと言えないでしょうか。「そんなのあり？」と思われたあなたは、もったいないと思います。なぜなら、担任の常識は、目の前の子どもたちから自ら楽しむ機会を奪う危険性を孕んでいるからです。

私の学級では、「そんなのあり？」と思えるような子どもたちの柔軟な発想のもとで生まれた「料理じゃんけん」をすべて実践しました。おかげで「カレーライスじゃんけん」にとどまらず、「様々な料理じゃんけん」が次々に生み出されました。これは、担任の私自身がもっていた固定観念（バイアス）が覆された一つの体験でした。

このように、mustに染まると、担任の頭は凝り固まったバイアスだらけになってしまいます。なぜなら、**mustを意味する「～しなければならない」や「～に違いない」といった考え方は、他の選択肢となる考え方すべてを排除してしまう性質があるから**です。多様な選択肢を認めないことになり、学級文化の広がりを抑制してしまうのです。

ある日、ある男の子が「グーにもチョキにもパーにも勝てる手の内」を出してじゃんけんをする姿を見かけました。元々やんちゃな性格で、まわりの子たちからも「それはずるいよ！」と言われてケラケラと笑っている様子でした。私はその様子を特に取り上げることもなく、全体に向けて「ルールを守って正々堂々とじゃんけんを楽しみましょう」と伝えていました。しかし、守らなければならないルールとは本当に絶対的なものなのだろうかと、疑問が湧きました。さらに、手の内はグー・チョキ・パーの三つしかないに違いないという考え方が、他の選択肢となる考え方を排除していなかっただろうかと問い直したのです。後日、私はその男の子に近づいて聞いてみました。「その『グーにもチョキにもパーにも勝てる手の内』について、もう少し先生に教えてくれる？」と。

するとと、その男の子はうれしそうな顔をして様々な情報を私に教えてくれました。指をどのように曲げたり伸ばしたりしたらその手の内のポーズができるのか。なぜそのポーズがどの手の内にも勝てるポーズとして表現されているのか。手の内に名前を付けるとしたらどんな名前を付けるか。そして、決定的だった情報が「いつも出していると確かにみんなが言うようにずるくなってしまうんだよね」と発言したことでした。その発言をヒントに生まれたアレンジじゃんけんが、**第4の手の内じゃんけん**です。いつも出すのが不公平であるなら、その手の内を出す回数に制限をかけることで、じゃんけんの新しいルールとして更新できると考えたのです。「そのとっておきの手の内は、いつも出せるのではなく、例えば3回のうち1回しか出してはいけないというルールにしたらおもしろそうかもしれないね」と、男の子に提案しました。そこから私と男の子との試行錯誤が始まりました。特に、「相手も第4の手の内を出してきた場合は、どんなルールにするのか」という点は細かく話し合いました。

私との打ち合わせを終えた男の子は、学級のみんなの前で「第4の手の内じゃんけん」を紹介しました。以前とは変わって「そのルールなら、おもしろいかも！」「いいね！　やってみよう」という反応が返ってきました。その中には誰もずるいと言う子はいませんでした。まわりの子どもたちのバイアスも解かれたのです。すると、「勝った人が第4の手の内のポーズや名前を決められるようにしたら、さらにおもしろいんじゃない？」とさらなるアレンジを提案する子も現れました。

このような経験から、担任の頭が固いと、頭のやわらかい子どもたちと一緒に知恵を出し合うことができないと学びました。つまり、子どもたちと一緒に楽しめないのです。

【第4の手の内じゃんけん】のやり方

グー・チョキ・パー以外の手の内を考えて創ります。

それを「第4の手の内」と呼び、勝敗関係や効果、出す回数制限などを参加者全員で確認します。

4つの手の内でじゃんけんをします。

第4の手の内は、勝敗関係や効果、出す回数制限を自由に設定することができます。どのように設定したらより一層盛り上がるのかを参加者全員で考えて取り入れます。

ステップ1

担任だけを主語にして失敗 ―Iの落とし穴―

担任が感動した学級あそびを、すぐに子どもたちの前で実践したくなる気持ちはわかります。しかし、そこには思わぬ「I（教師主導）の落とし穴」が潜んでいます。

I play with children.

担任だけを主語にして英文にすると、なんだか子どもたちはおまけのようです。担任だけを主語にしてはいけません。なぜなら、学校生活の主役は、他でもない子どもたちだからです。本当に感動する場面とは、**その学級あそびを子どもたちと一緒に本気で楽しんだとき**です。担任だけが感動していても、意味がありません。また、自分が感動したのだから子どもたちも感動してくれるに違いないという決めつけも危ないでしょう。

私はそのことに気が付くのに、長い時間がかかってしまいました。そんな私の失敗談をこれから紹介します。

学級あそび集の本は、教職経験の浅い頃の私はたくさん読んでいました。当時は学級あそびの引き出しが増えれば増えるほど、単純に「子どもたちが楽しめる時間が増える」と考えていたからです。庄子・深見氏（２０２０）は、学級あそびにおける教師の引き出しについて、マイゲームを多くもつ重要性を次のように主張しています。

子どもたちはゲームが大好きです。あそびの中で学ぶことは非常に多いです。ゲームには、子どもの心をほぐす、楽しませる、笑顔にさせるなどいろいろな効果があります。ゲームの引き出しをたくさん持っていると、あの先生は楽しい先生だと感じてもらえます。ぜひマイゲームをたくさん持って、笑顔のあふれる学級にしていきましょう。（37頁）

マイゲームの引き出しを増やすことに躍起になっていた私は、授業の中で子どもたちが楽しめる時間を生み出すことが難しかった未熟な自分を補完するように、隙間時間に学級あそびをたくさん挟もうとしました。素直な子どもたちは、新しい活動に興味を示します。当時も増えたマイゲームの引き出しを披露すると、ある程度関心のある反応を示しました。

ところが、すぐに反応は悪くなりました。なぜなら、**庄子氏や深見氏が主張する「あそびの中で学ぶ」という視点が抜け落ちた「あそばせておく」マイゲームだったから**です。

その問題に私は気が付かないまま、さらに引き出しを増やさないと間がもたないと考え、学級あそび集の本を読み漁ることになります。200ほどのマイゲームの引き出しを手に入れた頃には、もちろん以前と比べて子どもたちの反応はよいときも出てきました。しかし、どれも持続しませんでした。

ある日、学級の子どもたちに「今まであそんできた学級あそびの中で、どの学級あそびが一番楽しかったですか」と聞いてみました。すると、楽しかったと答えた子が一番多かった学級あそびはなんと……**じゃんけん汽車ぽっぽ**でした。

それは、私が紹介した学級あそびではなく、子どもたちが自らお楽しみ会でみんなでやりたいと提案したあそびでした。あんなにもたくさん披露したあそびがあったにもかかわらず、子どもたちは自分たちでやりたいと思ってあそんだ「じゃんけん汽車ぽっぽ」が、一番楽しいと答えたのです。

そこで私は、自分の間違いに気付きました。これまでの主人公は子どもではなく自分自身だったのです。学級あそびのレパートリーが増えて一番喜んでいるのは、他でもない自分自身であり、その過程はある意味では自己満足に過ぎなかったのです。**どれだけ先生が気に入ったあそびをしたとしても、肝心の子どもたちが「これからもあそびたい」と思えるような学級あそびを生み出さなければ、持続しない**のです。

主語をＩにしていたことによってはまっていた落とし穴に気が付くまで、私は時間がかかってしまいました。なぜなら、２００ほどの学級あそびの引き出しを手に入れたことで、その引き出しそのものに価値を置いていたからです。こんなにもたくさんの引き出しができたという満足感が先走り、その中で目の前の子どもたちの実態に合った引き出しは何かという肝心な点の吟味を怠ったのです。まさに「Ｉの落とし穴」にはまっていました。

「じゃんけん汽車ぽっぽ」は、知っている子も多い、古くから愛されている学級あそびの一つです。このあそびから、さらにアレンジしたあそびを提案する学級あそびの本もあります。後にアレンジじゃんけん構想のきっかけとなった出来事でもありました。

ステップ1

子どもたちだけを主語にして失敗
ーＹｏｕの落とし穴ー

教師の自己満足を押し付けてはいけません。それはある種のマルトリートメント（**不適切な関わり**）であるからです。一方、教師を主語から完全に外し、子どもたちだけを主語にしてしまう「Ｙｏｕの落とし穴」も危険です。

You play freely.

子どもたちだけを主語にして英文にすると、「あなたたちだけでどうぞ勝手にあそんでください」という意味合いを感じます。自由ではなく、勝手です。そこに担任の介入はありません。まさに「自分勝手な自由」を与えているのです。

こうした状況は、放任を意味します。つまり、**教育を放棄しているのと同じ**なのです。それは児童虐待の４類型のうちのネグレクトと同じ状態です。すると、学級あそびが上手く機能しない原因を、子どもたちに求めてしまうのです。責任転嫁です。文字通り無責任な担任がそこにいることで、学級文化を貧しくさせているのです。

私はこれらのことに気が付くのにも、また長い時間がかかってしまいました。そんな私の失敗談をこれから紹介します。

４年生の担任をしていた頃、前年度までの反省を生かして始めたのが、朝の会の『なかよしタイム』でした。これは、朝の会の５分間で同じ班の子と一緒に自分たちで考えたあそびをするというものでした。

毎日同じあそびをしてもよいし、違うあそびをしてもよい。安全で、わかりやすくて、その場で仲良くあそべることなら何でもよいという条件の下、同じ班の子と相談してあそぶ内容を決め、あそびなさいという時間です。つまり、学級あそびのレパートリーを増やすことを、担任である自分自身ではなく、子どもたちに課したのです。

増えたレパートリーを忘れないために、「なかよしメニュー」も作成しました。実際に行ったあそびの中で「これは上手くいった」というものを、まるで新作料理を追加するようにメニュー表へと記録しておきなさいというものです。例えば、「なかよしメニュー」に10個のあそびのレパートリーが貯まったとしましょう。その後、各班のあそびのメニュー表はコピーして残しておきます。３班だった子が席替えをして５班になったとしたら、今まで5班であそんでいたあそびを新しく知ることができます。すると、席替えをする度に各班のレパートリーが増えていくというシステムでした。

まずは毎朝やってみて様子を見ました。最初の1週間はどの班も盛り上がり、教室が楽しそうな雰囲気に包まれていました。子どもたちからしても、わざわざあそぶ時間が設けられ、そこでのあそびはルールの範囲内なら何をしてもよいのですから、与えられた自由に魅力を感じている様子でした。

このまま順調にいくかに思えた「なかよしタイム」実践でしたが、2か月ほど続けていくと、様々な課題にぶつかりました。班によって盛り上がる班とそうでない班に分かれ始めたのです。さらに細かく見ると、**同じ班の中でも盛り上がっている子とそうでない子に分かれていました。**中には、いつも同じあそびばかりしている班もありました。

子どもたちからは、「あそびを考え出すのが面倒くさい」「おもしろいあそびがなくてつまらない」といった意見が出ました。両者は一見すると、相反しているように思いませんか。おもしろいあそびがなくてつまらないのなら、面倒くさいと思わずに自分たちであそびを考え出せばいいではないかと、当時の私は思いました。結局、この『なかよしタイム』という実践は続かずに終わってしまいました。

今思い返してみると、そもそも私はここでも大きな間違いをしていました。それは、**主語を子どものみにし、学級あそびのレパートリーを増やす結果だけに価値を置いていた**のです。担任の自分は何も努力せず、子ども任せで手っ取り早く引き出しを増やしてしまおうと考えていたのです。これではあまりにも無責任だったと反省しています。

子どもたちの中のレパートリーはすぐに底を尽きました。それは、スタートだけ整えてあとは何もしなかった担任の私の過ちの結果です。学級あそびは、子どもたちのみを主語にしても上手くいかないのです。

私は能の世界で使われている「時分の花」という言葉が好きです。そのときにしか咲かせられない花があるという意味です。教育の現場でも同じことが言えます。**時分と実態を照らし合わせると、子どもたちだけで歩めない道が必ずあります。**だからこそ、教育は必要不可欠なのです。その道を指し示し（教えるティーチング的アプローチ）、伴走する（一緒に考えるコーチング的アプローチ）担任という存在がいてこそ、子どもたちは時分の花を咲かせられるのです。これは、学級あそびという活動によって学級文化を豊かにしていく過程でも同じことが言えます。たかがあそびと高を括らず、学級にとって意味のあるあそびを子どもたちと担任が、一緒になって求めていくべきなのです。

ステップ1

Ｗｅのつもりが Ｔｈｅｙになっていて失敗 ―Ｔｈｅｙの落とし穴―

子どもたちに道を指し示し、一緒に考えることの大切さを学んだ私は、Ｗｅを主語にするために、子どもたちと一緒にあそびの内容を考えるようにしました。

しかし、ただ一緒に考えるだけではなく、考え続けることの重要性にはまだ気付いていませんでした。つまり、**伴走するコーチング的アプローチをしないといけなかった**のです。

いつの間にか主語はＷｅからＴｈｅｙになっていました。

They play freely with teacher.

担任はそこにいるだけの傍観者。彼ら（子どもたち）があそんでいるという状態です。そんなＴｈｅｙの落とし穴にはまってしまった私の失敗談を紹介します。

帰りの会の締めくくりとして、「さよならじゃんけん」をしているクラスは多いかもし

れません。さよならのあいさつをして担任の先生と一緒にじゃんけんをしてから帰るというものです。中には勝つ度に帰りの支度が進むというルールのクラスもあります。

私のクラスでも、前年度の担任の先生がやっていたことを理由に「今年も先生とさようならじゃんけんをしたい！」という子がおり、しばらくは学級あそびの一つとして取り入れていました。しかし、先生一人対30人以上の子どもたちという構造に変化がなく、クラスの中には先生とのじゃんけんを億劫に感じる子もいました。何より担任である私自身があまり楽しめていませんでした。なんとなく惰性で子どもたちとじゃんけんをするだけでした。

そこで、担任の私ではなく、日直になった子とじゃんけんをするようにしました。じゃんけんをする相手が毎日変化するし、楽しめる子も増えると考えたのです。導入した当初は上手くいきました。ところが、やり続けているうちに気付いたのは、**クラスのみんなとさよならじゃんけんをするという行為を恥ずかしく感じる子もいるという事実**です。子どもも一人対その他全員という構造の危険性を考えていなかったのです。そこで私は、そんな子どもたちのハードルを下げるために、「これからさよならじゃんけんは、近くの好きな子と一緒にじゃんけんをしてから帰りましょう」と呼びかけることにしました。

ただ、これも間違いでした。今度は近くの好きな子を探すという行為に苦しさを感じる子や、毎日勝敗が決まる結果を嫌がる子もいるという事実が浮かび上がってきたのです。子ども同士で関わるようにすれば、きっと楽しくあそぶ場になっているだろうという思い込みが、まさに見せかけのＷｅでごまかしたＴｈｅｙが主語になっていたのです。

そこで、Ｗｅを主語にするために、子どもたちにこう問いかけました。

「さよならじゃんけんをどんなふうにアレンジしたら、もっとみんなが楽しく一日を終えられるあそびになりますか。先生も今までいろいろ試してみたけど、上手くいかなかったことも多かったから、みんなと一緒に考え続けたいんだ。知恵を貸してほしい。そもそもさよならじゃんけんをしないという選択肢も、このクラスのためになるのなら、あってもいいと思います。何かよいアイデアがあったら教えてください」

すると、子どもたちから様々なアイデアが出てきました。**一人何回でもじゃんけんしてよいことや何人でじゃんけんしてもよいこと、そして勝敗を決めないであいこになるのを目指して最後はハイタッチして帰ろうというアイデア**が子どもたちから提案されたのです。

こうしてＷｅを主語にして始まった次に紹介する**ハイタッチじゃんけん**は、クラスにとって帰りの会の恒例行事となり、学級文化として根付いていきました。このようにＴｈｅｙの落とし穴にはまったら、勇気を出して子どもたちと一緒に考え直すことも大切です。

【ハイタッチじゃんけん】のやり方

ペアやグループを組んでじゃんけんをします。

あいこになったら、一緒にじゃんけんをした人たちみんなでハイタッチをします。

あいこになるまで何回でもじゃんけんしてよいです。そして、何人でやってもよいことにします。

ハイタッチができたら、まだやっていない人とペアやグループを組んであいこを目指します。

制限時間内に何人の人とハイタッチできたか回数を数えます。

ステップ1

Ｗｅを主語にするために

そこにいる人全員が楽しむことができるか。

これが学級あそびの主語をＷｅにするためのカギです。なぜなら、**一人でも我慢している人がいると、主語はＷｅになり続けることができない**からです。

We enjoy playing.

だからこそ、担任の先生は常に「このあそびをしている間、我慢を強いられている子は本当にいないだろうか」という目で、子どもたちの様子を細かく観察し続ける必要があります。この観察を怠ると、ＷｅはあっというまにＴｈｅｙになります。

Ｗｅを主語にするために最も有効なのは、「全員達成」の経験ができるあそびの内容を子どもたちと一緒に考えることです。なぜなら、**全員達成の瞬間は、その場にいる全員が参加していたという何よりの証拠になる**からです。

「全員達成」で終わるためには、「全員で揃える」という状況をあそびの中で意図的に創り出すことが重要です。じゃんけんには画期的なシステムがあります。それが「あいこ」です。中でも同じ手の内を出したという状態はある意味で「揃って同じ手の内を出した」とも言えます。この状態を活用し、クラス全体の団結を高めようと試みて実践したアレンジじゃんけんが**全員同じ手の内じゃんけん**です。

ここでポイントとなるのは、全員同じ手の内にするための過程に楽しめる条件を付け加えることです。はっきり言って30人以上の手の内をすべて同じに揃えるのは至難の業です。しかし、声を出さず、時間内であれば相談をしてからじゃんけんしてもよいことを条件に加えることで、大いに楽しめるじゃんけんに変化します。

子どもたちは全員同じ手の内になるよう、必死にジェスチャーをして「みんなでグーを出そう！」と声を出さずに伝え合っていました。何を出したいかは人それぞれなので、もし意見に食い違いがあった場合はどちらかが譲らなければなりません。こうしたやり取りをクラス全員とするのです。そのうち賢い子が現れ、黒板を使って「みんな！　パーを出して！」と書きました。

読者のみなさんはこれを条件として加えてよいと思いますか。私はこうした様子も取り上げ、その都度子どもたちと一緒にどんな条件であそぶかを考えました。

以上のことから、まずはステップ1として、**子ども観を見直し、Weを主語にするような「全員達成」の場を創り上げることが重要**であると言えます。

時には教師主導でやりたいあそびもあるかもしれません。しかし、今あそびの主語は誰になっているのかということを常に意識しながら、少しずつWeが主語である領域を増やしていくことが大切です。

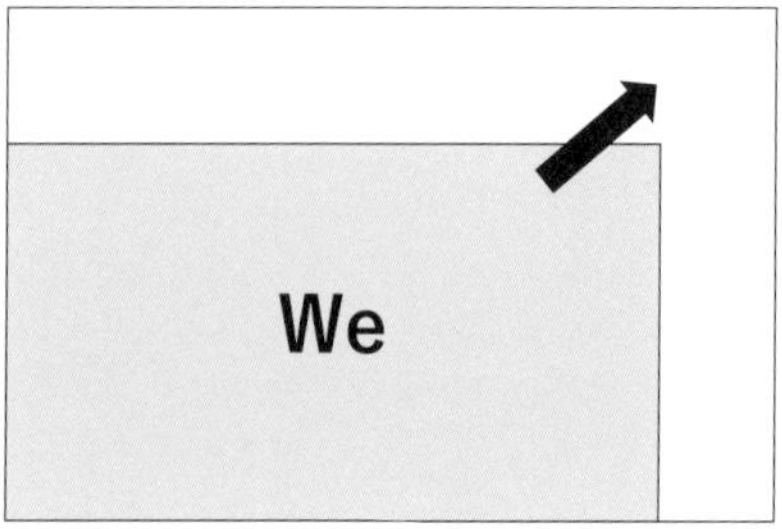

そのためには、どんな条件を揃えたら学級あそびの主語がWeになれるのかを常に考え続ける必要があります。その一つの条件が「全員達成」であり、他にも揃えるべき条件は無数にあるはずです。

これらのあそびの条件制御を怠ることなく、学級あそびの主語がWeである領域を少しずつ増やしていくことが重要ではないでしょうか。

【全員同じ手の内じゃんけん】のやり方

参加者全員の手の内を同じにしたグループの勝ち。
あいこの中でも、全員同じ手の内になる状態を目指します。
声を出さなければ、時間内に作戦を練ってもよいです。
全員が同じ手の内になったら、みんなで全員達成を喜びます。

ステップ2

学級あそびの定義と段階

何か物事を考える際、まずは言葉の定義について整理することが大切です。今後本書では、「学級あそび」に纏わる言葉の定義を、次のように整理して論を進めていきます。

「遊び」と「あそび」の違い

「遊び」は、その時間を楽しむための活動やゲーム全般を指します。一方「あそび」は、「遊び」の中でも子どもを主体として行う活動やゲームを指します。

レク＝レクリエーション

心身のリフレッシュやストレス解消、楽しみを追求することを目的としています。参加者の心身の健康バランスを整える活動を指します。

アイスブレイク

人々が初めて出会ったり、集まったりする際に、緊張や不安を和らげ、コミュニケーションを円滑に始めるための活動を指します。主な目的は、参加者同士の距離を縮め、打ち解けることです。

ゲーム

娯楽や競争のために行われる活動を指します。参加者がルールに基づいて互いに競い合ったり、目標を達成したりするための活動です。

学級ゲーム

学校の授業や学級活動の中で行われる、教育的な目的をもったゲームや活動を指します。学級の一体感や協力、学習の促進、社交スキルの発達などを目的としています。教師が子どもたちの関心や能力に合わせて計画し、実施します。

学級ゲームは、子どもたちが楽しみながら学び、参加意欲を高めることができます。また、協力や競争、リーダーシップなど、社会的なスキルの発達にも寄与します。

ゲーミフィケーション（Gamification）

ゲームの要素やデザインの手法を非ゲームのコンテキストに応用することを指します。教育の現場では、子どもの学習意欲や学習効果を高めるために、授業などにゲームの要素を組み込む場合があります。

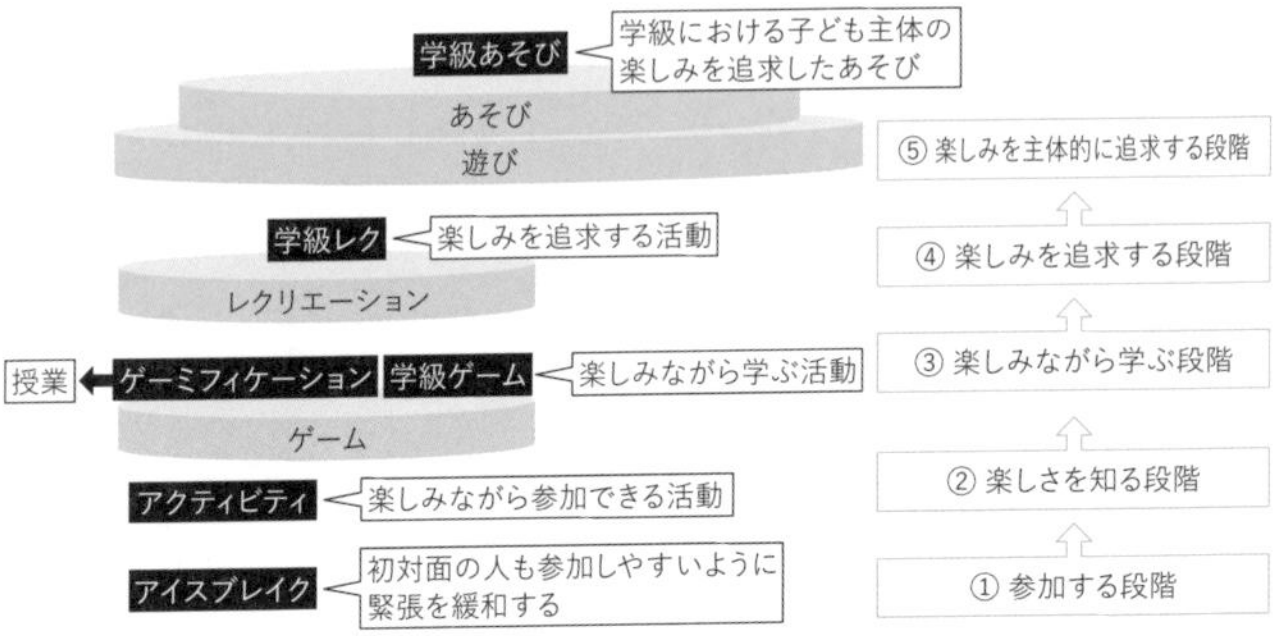

アクティビティ

様々な目的をもって実施される活動や行動のことを指します。参加者の興味や目標に合わせて選択され、楽しみながら参加することができます。

学級あそび

学級の中で行われる、子どもたちがあそびながら学ぶアクティビティやゲームのことを指します。教師が学習の内容や目標に合わせて計画し、子どもたちが自発的に参加し、楽しみながら学ぶ機会を提供します。教育的な目的をもちながらも、子どもたちの興味や関心に合わせたあそびの要素が取り入れられています。これにより、学習への関心やモチベーションを高め、子どもたちの成長や学習能力の向上に寄与します。

これらの言葉の定義を踏まえると、学級あそびには次頁や上図のように五つの段階があると言えます。

段階①：参加する段階

どの子も参加できる活動を模索します。初対面の状態で始まるアイスブレイクから、少しずつ楽しめる要素も取り入れた参加型の活動を実践していく段階です。

段階②：楽しさを知る段階

意図的かつ継続的に実践されるアクティビティによって、参加者は活動の楽しさを少しずつ知るようになります。やがて楽しみながら参加できる活動をさらに継続的に行うことができるようになる段階です。

段階③：楽しみながら学ぶ段階

学級ゲームにおいてゲーム要素（競争・得点・勝敗・タイムアタック等）を楽しみながらも、ルールや立ち居振る舞い、コミュニケーション能力や社会スキルを学ぶ段階です。ゲーミフィケーションの導入に適したタイミングでもあります。

段階④：楽しみを追求する段階

これまで受け身的に楽しみを享受する側だった子どもたちと一緒に、主体的に楽しみを追求する側へと転換する段階です。参加者全員が心身をリラックスして楽しめる活動を、参加者自身で考え出し、実践する試行錯誤が始まります。

段階⑤：楽しみを主体的に追求する段階

教師の手を離れ、子どもたちが主体的に楽しみを追求し続けている段階です。学級において自律的なあそびが実現し、継続的な活動が豊かな学級文化として根付き始めます。自ら工夫し、楽しむサイクルを参加者全員で体感することで、協力意識が育まれ、学級のチーム力が向上していきます。

ステップ2

学級あそびに関わる理論

ここからは、学級あそびを実現するために、どんな理論的背景を理解しておくべきかについて論じていきます。

赤坂氏（2017）は、チームの発達段階と雰囲気づくりの段階について次頁の下図のように提唱しています。これらの段階と、先ほど言葉の定義において整理した学級あそび実現への段階を対応させると、上の表のようになります。

学級あそび実現への段階とチームの発達段階・活動による雰囲気形成の段階がそれぞれ対応していることがわかります。つまり、**チームの発達と雰囲気形成は学級あそびにおいて欠かせない要素**であると言えます。赤坂氏は、特にチームの発達につながる「チーム体験」の重要性について、次のように述べています。

学級あそび実現への段階	チームの発達段階	活動による雰囲気形成の段階
① 参加の段階	① 形成期	関わろうとする雰囲気
② 楽しさを知る段階		
③ 楽しみながら学ぶ段階	② 怒濤期	ルールやマナーを守る雰囲気
④ 楽しみを追求する段階	③ 規範期	あたたかな結びつきの雰囲気
⑤ 楽しみを主体的に追求する段階	④ 遂行期	自分たちで問題を解決する雰囲気

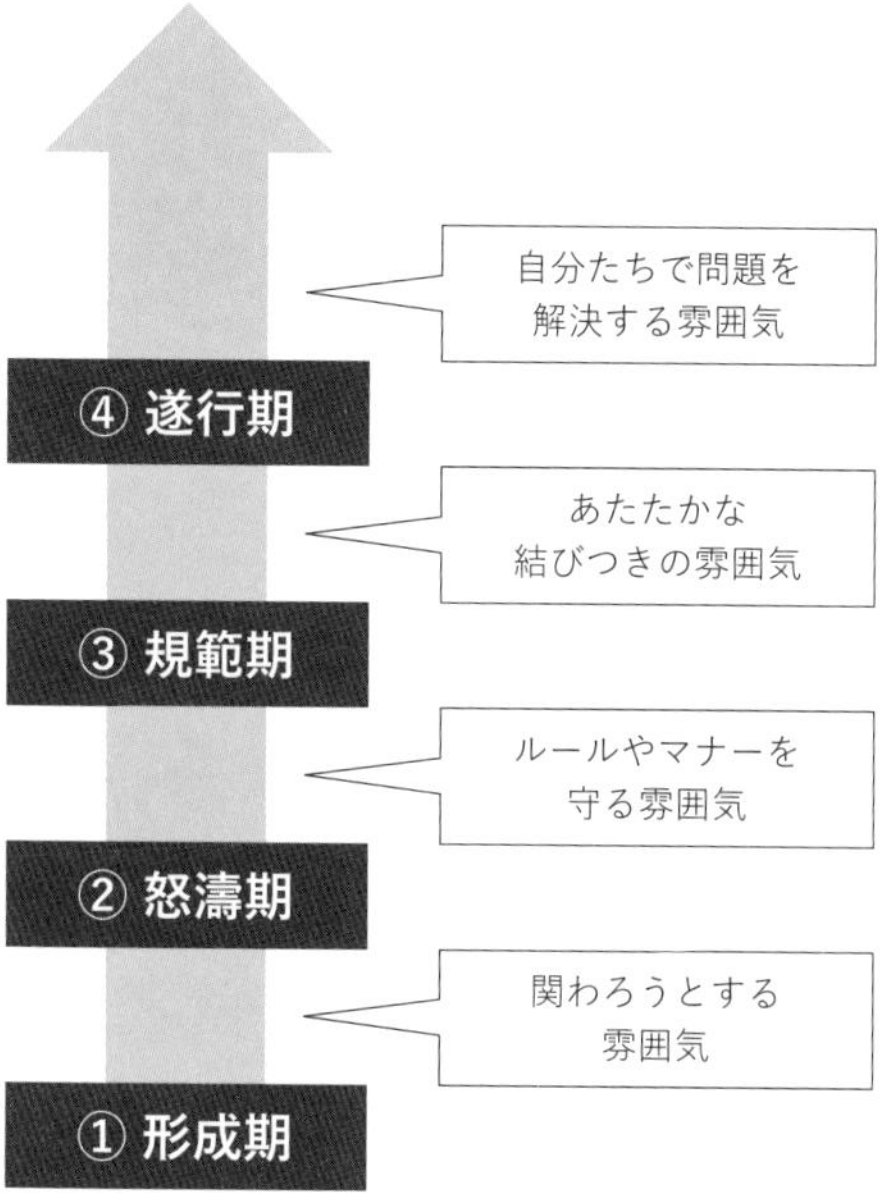

チーム体験は「生きる力」として不可欠だと言えるのです。

アクティブ・ラーニングは、学習課題の解決に向けたチーム体験そのものです。（12頁）

つまり、学級あそびの実践を、アクティブ・ラーニングにつなげることで、社交スキルや問題解決能力の向上等のチームとしての発達や生きる力が身に付くのです。

では、どんな「チーム体験」をさせたらよいのでしょうか。甲斐崎氏（２０１３）は、活動を通して日常につながる学びが得られる体験が得られるように、プロジェクトアドベンチャー（以下、ＰＡ）の理論をもとにそれぞれのアクティビティを考えています。

体験をさせる上でまず必要な土台となるのがそのクラスの「フルバリュー」です。つまり、**このクラスでは何に最大限の価値を置くか**ということです。

具体的には、設定された学級目標に対して、その学級にいる子ども一人ひとりが考えた「学級目標を達成するために必要なこと・大切なこと」を集めたものです。甲斐崎氏の学級では、「自分も含めて、クラスのメンバーの存在を最大限に尊重する」というフルバリューを掲げています。

これは、このクラスの１人ひとりは、自分も含めてとても大切でかけがえのない存在であり、その価値をみんなで尊重していこうという約束事です。これらの約束事は、クラスの共有する目標を達成するために必要なことになります。（18頁）

しかし、いきなりフルバリューについて深く考えることは、子どもたちにとってはハードルが高いと感じさせてしまいます。そこで、橋渡し的なものになるフル・バ・リ・ュ・ー・コ・ン・ト・ラ・ク・ト・・・ラクトが必要になります。甲斐崎氏は、フルバリューコントラクトとして次の五つを提示し、学級あそびの約束事や振り返りの視点として生かしています。

①BE HERE：参加する
②PLAY HARD：一生懸命やる
③PLAY SAFE：安全にやる（心も体も）
④PLAY FAIR：公平・公正にやる
⑤HAVE FUN：楽しむ

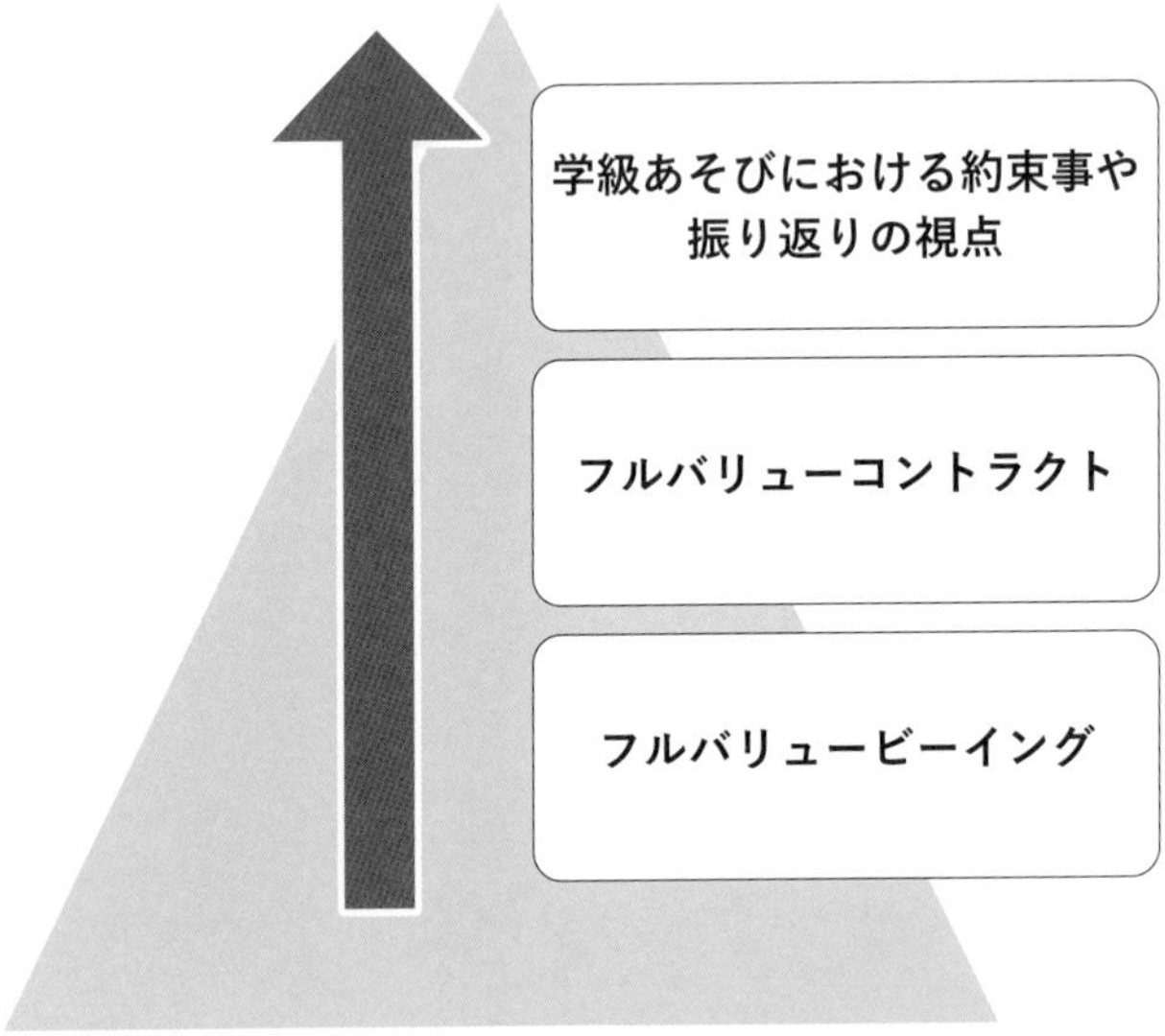

フルバリューはビーイングとも言い換えられ、そのクラスで何に最大限の価値を置くかは、そのクラスがどうありたいかに深く関わってきます。

昨今の教育界では、ウェルビーイング（以下、Well-being）の考え方が浸透し、それをもとにした学級あそびも数多く提案されています。

樋口氏・神前氏（２０２３）は、Well-beingと学級あそびの関係性について、次のように述べています。

Well-beingとは、「一人一人の多様な幸せと社会全体の幸せのこと」

を示しています。子ども一人ひとり、それぞれが幸せでなくてはいけません。そして、教室全体、教室のみんなが幸せになることを目指していく必要があります。（中略）

そんな「Well-being」なクラスになるためには、何か仕掛けが必要です。その仕掛けとなるのが、本書で紹介する「5分あそび」です。（2頁）

以上から、学級あそびは土台となるその学級のフルバリューやビーイングを明確にした上で、フルバリューコントラクトを毎回のチーム体験活動の約束事として参加者全員で共有し、仕掛けとして取り組み続けることが必要であると言えます。

学級あそびの実践について、子どもたちと一緒に振り返りをするとき、「子ども一人ひとり、それぞれが幸せか」「教室全体、教室のみんなが幸せか」という視点はとても大切です。そのために、子どもたちそれぞれの幸せと教室全体で大事にしている約束事（フルバリューコントラクト）とを照らし合わせながら、一人ひとりの多様な幸せと社会全体の幸せの両方が実現する在り方を模索し続けることが重要なのです。

ステップ2

どのあそびにも構成要素がある

私は授業の教材研究をする際、教科書の頁を構成要素に分けて意味付けをしてから授業に臨むようにしています。例えば算数の授業では、次のような構成要素に分けることができます。

単元名
問題文
めあて文
まとめ文
式
図や表、グラフ
キャラクターの吹き出し文

七つほどの要素に分けましたが、ここからさらに構成要素を細分化します。例えば、問題文の中でも、「わかっている」要素は何か。逆に「わからない（求める）」要素は何か。このように、もっと細かく分けられないかを追究していくのです。

構成要素に分ければ分けるほど、どのように授業を流したらよいのかが見えてきます。その中で、**子どもの実態に合わせた意味のある発問も見つかってくる**のです。実際にやってみると、教科書1頁分だけでも20～30ほどの要素に分けることができます。私はこの「構成要素の細分化」という考え方を教員になる前の学生時代に教職大学院で学んでから、授業づくりが楽しくなりました。

では、「構成要素の細分化」は授業だけでなく、あそびにも応用できないでしょうか。私はできると考えます。なぜなら、どんな物事もあらゆる構成要素が組み合わさってできていると考えるからです。ここでは試しに一つ、「かくれんぼ」というあそびを例に挙げてみましょう。

かくれんぼを構成要素に細分化すると、49頁のようになります。これはあくまで一例なので、さらに細分化したり、要素を付け加えたりすることもできます。ここで注目していただきたいのは、一つのあそびから、先ほどの授業の教材研究における教科書の頁のように、20以上の構成要素に細分化できる点です。

あそびを構成要素に細分化することで得られる利点は、**アレンジを加える要素が見つかる**点にあります。

例えば、⑥の鬼役の人数の要素をアレンジし、1人に限定せず、試しに3人で実施してみてもおもしろいでしょう。鬼役が複数いるという状況により、見つかるかもしれないドキドキ感が増したかくれんぼになります。

また、ここには挙げていない構成要素を付け加えることもできます。例えば、かくれんぼに時間制限という要素を付け加えてみてはいかがでしょうか。○分以内に探し出さなければならないという緊張感を鬼役に与えることで、探す意欲が増します。一方、鬼役以外の子からすると、○分間見つからなければ勝ちという明確な目標設定ができます。

このようにして、既存のあそびからオリジナリティ溢れる学級あそびをいくつも生み出すことができるのです。

① 参加人数	３人以上
② 参加場所	何か隠れる物がある場所
③ 実施条件	明るい場所
④ 鬼役の決め方	じゃんけん
⑤ 鬼役の動き	どこに隠れているか探す
⑥ 鬼役の人数	１人
⑦ あそびの始まり方	鬼役が10数えている間に他の人たちが隠れる
⑧ 鬼役以外の動き	鬼に見つからない場所へ隠れる
⑨ 隠れ方	どこに何人が隠れていてもよい
⑩ 探し方	誰が隠れているのか目視で探す
⑪ 見つけた側	「○○さん、みっけ」と呼名する
⑫ 見つけられた側	隠れている場所から、鬼役の前に出てくる
⑬ 見つかった人	鬼と一緒に残りの隠れている人を探す／決められた場所に待機する
⑭ 終わり方	隠れている人が全員見つかったらあそびを終える
⑮ 次の鬼役	最初に見つかった人
⑯ 回数	条件が整えば何回でも
⑰ 禁止事項	隠れている場所から移動してはいけない
⑱ 注意事項	見つけ残しの人が出ないように、参加者全員でメンバーを把握しておく
⑲ 楽しさを感じる点	鬼役は見つけたときが楽しい。鬼役以外は、見つからない場所に隠れ切ったときが楽しい
⑳ メンバー	人を探したり、安全に隠れたりできる人

かくれんぼの構成要素

ステップ2

定番のあそび「じゃんけん」

いくつもの構成要素に細分化できるあそびほど、いくつものアレンジを生み出せる可能性を秘めたあそびと言えます。その定番中の定番と言えるのが、「じゃんけん」です。中村氏（２０２３）は、じゃんけんに一工夫を加えることで、55のアレンジじゃんけんを生み出し、著書にて紹介しています。その冒頭文には、次のように綴られています。

> 若い頃の私は、見たことも聞いたこともない独創的なゲームに惹かれたものです。「学習ゲーム研究会」という勉強会に入り、いろいろな種類のゲームを学びました。ゲームの本も、少なくとも１００冊以上は読みましたね。とにかく情報を集め、たくさんのゲームを手に入れました。しかし、歳取った私は、違います。やはり、ゲームは定番がおもしろい！そう感じています。ジャンケン、しりとり、ビンゴなどの定番ゲームは、非常に良くできているからです。定番ゲームを教室ですると、盛り上がります。単なるジャンケンに子どもたちは大喜びで取り組みます。その理由は、やは

り、良くできているからだとしか言いようがありません。（1頁）

中村氏は、じゃんけんが「よくできている」あそびであると表現しています。どの点がよくできているかというと、参加のしやすさやルールのわかりやすさだけでなく、**いくつもの構成要素に細分化でき、アレンジがしやすい**点がその一つにあります。中村氏も、七つの要素に分けてじゃんけんに一工夫を加え、50以上のあそびを生み出しています。

多賀氏・鈴木氏（2023）は、じゃんけんを例にしたアレンジのコツ十選を次のようにまとめています。これらも、「どの構成要素に着目するか」という示唆に富んでいます。

（1）誰とする？　（2）どうやったら終わる？　（3）何を使う？
（4）競争か協働か？　（5）逆転ルールは？　（6）数を変えると？
（7）決着後できることは？　（8）知的にするには？
（9）動きをつけると？　（10）外国語では？

（19頁から引用）

ここで大事なのは、**目の前の子どもたちの実態に合わせてアレンジすること**です。例えば**中国語じゃんけん**というアレンジじゃんけんをする場合、「この子たちと一緒に中国についての国際理解を深めたい」という明確なねらいをもって実施することで、効果は何倍にもなります。つまり、学級の数だけアレンジの仕方のバリエーションが豊かになるのです。まさにあそびのダイバーシティ。必然的に多様性が生まれるのです。

だからこそ、どの学級あそび集の本にも必ずアレンジじゃんけんがあそびの一つに加えられています。それは、じゃんけんが構成要素に細分化しやすい「よくできたあそび」であり、その学級ならではの価値観のもと、多様性を生み出せるあそびであるからです。

実際に学級あそび集の本を数冊調べてみると、84（55＋29）のアレンジじゃんけんの引き出しを増やすことができました（左表）。

しかし、これらすべてが自分の学級で使えるあそびとは限りません。大切なのは、担任であるあなた自身が**自分の力で子どもたちと一緒にあそびを生み出していくこと**です。私は本ばかりに頼るのではなく、子どもたちとの様々なやり取りを通して、100のアレンジじゃんけんを生み出しました。その一覧は付録（176、177頁）にて紹介しています。

中村健一『新装版　ゲームはやっぱり定番が面白い！　ジャンケンもう一工夫BEST55＋α』黎明書房、2023年	
日野英之『教師力ステップアップ　５分でクラスの雰囲気づくり！ただただおもしろい休み時間ゲーム48手』明治図書、2018年	【96、97頁】新・じゃんけん対決
庄子寛之・深見太一『子どもがつながる！オンライン学級あそび』学陽書房、2020年	【38、39頁】あとだしジャンケン
宮川八岐・稲垣孝章『楽しい学校生活をつくる　クラスがまとまる　学級あそび120』ナツメ社、2023年	【16頁】王様ジャンケン 【72頁】よろしくジャンケン 【78頁】ジャンケンチャンピオン 【84頁】変身ジャンケン 【86頁】腕立てジャンケン 【108頁】ジャンケンポン！　ポン！ 【109頁】長縄ジャンケン 【114、115頁】へびジャンケン 【180頁】ジャンケン列車 【190、191頁】サッカージャンケン 【196頁】Ｚジャンケン
樋口万太郎・神前洋紀『Well-beingなクラスになる♪５分あそび』学陽書房、2023年	【16頁】ダブルじゃんけん 【61頁】縮みじゃんけん！ 【147頁】ランクアップじゃんけん
三好真史『学校が大好きになる！　小１プロブレムもスルッと解消！　１年生あそび101』学陽書房、2021年	【18頁】後出しジャンケン 【23頁】かおかおジャンケン
鈴木邦明・赤堀達也『子どもの心と体のストレスを緩和する　リラックス学級レク75』明治図書、2022年	【26、27頁】じゃんけんランニング 【56、57頁】じゃんけんリレー 【78、79頁】じゃんけん・バトル 【144、145頁】仲良しじゃんけん 【146、147頁】じゃんけん列車
多賀一郎・鈴木優太『ロケットスタートシリーズ　学級づくり＆授業づくりスキル　レク＆アイスブレイク』明治図書、2023年	【116、117頁】ドドドドドンじゃんけん
甲斐崎博史『クラス全員がひとつになる　学級ゲーム＆アクティビティ100』ナツメ社、2013年	【60、61頁】じゃんけんチャンピオン 【62、63頁】進化じゃんけん 【74、75頁】復活じゃんけん列車
赤坂真二『クラスを最高の雰囲気にする！目的別学級＆授業アイスブレイク50　たった５分でアクティブ・ラーニングを盛り上げる！』明治図書、2017年	【20、21頁】じゃんけんシット 【84、85頁】計算ポイントじゃんけん

学級あそび集の本と掲載じゃんけん一覧

ステップ2

学級あそびの効果

学級あそびを行うことで、どんな効果を得ることができるのか。それを深く理解してこそ、その中でどんな効果をねらったあそびをするのかが明確に見えてくるようになります。つまり、**あそびの目的が明確になる**のです。

鈴木・赤堀氏（2022・14－16頁）は、「リラックス・レクリエーション」というものを提唱しています。学級あそびの中でもレクリエーション要素に着目することで、健康と関連させたあそびができます。鈴木・赤堀氏は、世界保健機関（WHO）の健康の定義をもとに、次の三つの効果が期待されるレクリエーションを取り入れるべきだと主張しています。

①身体的効果（体）

病気をしていない、体調が悪くない等の身体的健康につなげる。

②精神的効果（心）

心が落ち着いている、逸脱した考え方をしない等の精神的健康につなげる。

③社会的効果（仲間）

生きがいを感じられる、よい友達がいる等の社会的健康につなげる。

ここからさらに学級あそびによる効果について、身体的効果、精神的効果、社会的効果それぞれにおいての段階をさらに細分化してみました。

まずは身体的効果の段階について考えてみます。体がリラックスした状態でないと、アクティブに体を動かす活動へと参加することは難しいでしょう。段々とアクティブな活動参加の機会が増えていくことで、次第に自分の体を自分でコントロールして動かせるようになっていき、体を動かす楽しさが湧いてきます。これを**自律的運動**と定義しています。

自律的運動ができるようになると、運動能力の向上につながり、ゆくゆくはあそびを通して培った運動スキルを普段の生活に取り入れたり、あそびを通して学んだことを踏まえて生活を変えてみたりすることで、生活習慣の見直しにもつながります。

次に、精神的効果について考えてみます。活動参加に向けて障壁となっているストレスや不安の解消は急務と言えます。その上で、活動参加へのモチベーションが徐々に向上していきます。そのために重要なのは、**「この雰囲気なら参加してもいいかな」という安心感と少しの冒険**です。活動参加の機会が増えていくと、次第に自分の個性が開花する場面に出合います。アイデンティティを見つめる機会となり、目標に向かって前向きに思考できるようになります。そこからさらに創造性を高め、自己実現へとつながるのです。

最後に、社会的効果について考えてみます。安心して活動に参加できる雰囲気がなければ、所属集団へと意識は向きません。自分が安心しているからこそ、他者にも目を向けられるようになるからです。次第に、自分はどんな集団に所属しているのか、そこにはどんな個性をもった人がいるのかという実態を把握できるようになります。また、ルールを守ってあそぶ活動を通して規範意識が芽生え、同じ集団に所属している仲間と積極的にコミュニケーションが取れるようになります。そこで実現される円滑な人間関係によって、仲間との協力意識が生まれ、一人ひとりの行動に思いやりや協調性が見られるようになります。**集団がチームとして成長していくことで、社会スキルや問題解決能力が向上し、Well-beingやフルバリューの実現につながる**のです。

	身体的効果	精神的効果	社会的効果
段階5	生活習慣の見直し	創造性ある自己実現	社会スキルや問題解決能力の向上によるWell-being・フルバリューの実現
段階4	運動能力の向上	目標達成に向けた前向き思考	仲間との協力意識による思いやりのある行動や協調性のあるチーム形成
段階3	自律的運動	個性の開花	コミュニケーション能力の向上による円滑な人間関係の実現
段階2	アクティブな活動への参加	活動参加へのモチベーション向上	所属集団の実態把握や規範意識の芽生え
段階1	リラックス	ストレスや不安の解消（リフレッシュ）	安心して活動に参加できる雰囲気づくり

学級あそびの効果

以上より、それぞれ上図のように五つの段階に分かれて学級あそびの効果は得られると言えます。つまり、全部で15の効果を見据えて学級あそびの目的を設定する必要があります。いきなり段階5の効果を得ようと単発的にあそびの活動を取り入れてもいけないのです。まずは自分の学級の子どもたちがどの段階にあり、その段階に合わせてどんな効果をねらったあそびを取り入れるのかを考えることが重要です。

そうすることで、学級あそびの目的が明確になり、実態に合わせた実践ができるだけでなく、継続性や系統性をもってあそびを行えるようになります。

さて、みなさんの学級では、どんな効果をねらって学級あそびを取り入れますか。
私の学級では、左のようなアレンジじゃんけんをすることで、身体的効果・精神的効果・社会的効果それぞれにおいてバランスよく有効な学級あそびを心掛けています。

【ランニングじゃんけん】

ペアでトラックまわりをランニングしながら、じゃんけんをします。
勝った人は内側、負けた人は外側を走ります。
あいこになったら一緒に走るスピードを上げます。
１周したら走るペースを元に戻します。

⬇

ねらう効果

身体的効果　段階４
運動能力の向上

【ジェスチャーじゃんけん】

ペアやグループでじゃんけんをします。
勝った人はお題を考え、負けた人へ声を出さずにジェスチャーで伝えます。
負けた人は勝った人のジェスチャーからお題を当てます。
様々なお題でお互いにジェスチャー当て活動をします。

⬇

ねらう効果

社会的効果　段階３
コミュニケーション能力の向上による円滑な人間関係の実現

【深呼吸じゃんけん】

ペアやグループでじゃんけんをします。
勝った人は深呼吸、負けた人は「１・２・３・４…」と数を数えます。
あいこになったら一緒に呼吸のタイミングを合わせて深呼吸します。
お互いの気持ちが落ち着くまで繰り返します。

⬇

ねらう効果

精神的効果　段階１
ストレスや不安の解消（リフレッシュ）

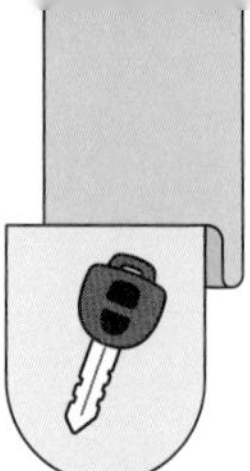

ステップ2

Why（何のために）が大前提

学級あそびを実践するにあたって大前提にしなければならないのが、Ｗｈｙ（何のために）です。目的を見失ったあそびは決して連続体にはなりません。単発のあそびとなります。そんなあそびは、長期的な教育効果が得られず、長続きしません。

私は、あそびは学びと同じように捉えるべきだと考えます。つまり、**学級あそびの創造は授業づくりと同じ**なのです。

ここで普段の授業づくりについて、思い出してみてください。授業は決して単発の学びではないはずです。学習単元というものがあり、何時間かけて学習するかが決まっています。その中の第何時の授業かという視点で考えることになるでしょう。

これは学級あそびも同じで、あそび単元というものがあってもよいと思うのです。学習単元の大きなねらいをもとに、本時の授業のねらいを考えるように、**学級あそびも大前提となるねらいを定めて実践するべき**ではないでしょうか。また、授業をする際に作成する指導案には、授業の目標とめあてを設定します。これは授業者である教師の目標と学習者である子どもたちのめあてを擦り合わせているのです。こうしたことをもまた、学級あそびの実践において行うべきではないでしょうか。

今日のあそびは、最初に定めたねらいに沿ったあそびなのか。そもそもあそびの目的は何なのか。こうした振り返りをあそんだ後にできるようにしたいです。

何のために学級あそびをするのか。私は学級の子どもたちと一緒に考えた結果、あそびの目的は「みんなで楽しむ時間を創り、なかよしな学級にするため」となりました。ここから導き出せる最上位目標は「みんなで楽しめる学級あそび」です。アレンジじゃんけんをする上でも、ここに向かったあそびだったかどうかについて振り返りました。

さらに解像度を上げるために、「みんなで楽しめるあそびとは、どんなあそびですか」と聞いてみました。それに対し、次の要素が挙がってきました。

①わかりやすい

②取り組みやすい

③誰も傷つかない

これら三つの要素は、ＰＡ理論のフルバリューコントラクトと合わせ、振り返りの視点に組み込みました。

ある日、「一発芸じゃんけん」というアレンジじゃんけんをみんなで実践したとき、「これは一発芸をするのが苦手な人や一発芸では笑えない人からすると苦痛だから、みんなが楽しめるあそびとは言えないと思います」という意見が子どもたちから出てきました。

そこで、みんなが楽しめるように改善できないか話し合いが行われました。そこで生み出されたアレンジじゃんけんが左に紹介する**微笑みじゃんけん**です。笑えるかどうかではなく、笑顔になれるかどうかに考え方を変えたのです。

勝った人が負けた人に微笑み、負けた人が勝った人に微笑み返すという、とてもシンプルなじゃんけんですが、結果どの子も笑顔になる心温まる雰囲気が生まれました。

以上のことから、学級あそびの実践においても、目的を見失わず、目標を立てて評価につなげることが大切だと言えます。その評価がさらに新しい目標を立てることにつながり、**あそびを創造する持続性が生まれてくる**のです。

【微笑みじゃんけん】のやり方

ペアやグループでじゃんけんをします。
勝った人は負けた人に微笑みます。
微笑みを贈られたら、相手に微笑みを贈り返します。
グループの場合、誰に微笑みを贈るかを選びます。
あいこになったらタイミングを合わせて同時に微笑みます。
微笑みの贈り合いが１回終わる度に、次のじゃんけんをします。

第2章
タイヤを取り替え、アクセルを踏む

ステップ3

2つのサイクルを回す【方法の見直し】

エンジンの点検＝観の見直しが終わったら、アクセルを踏みましょう。今までは学級あそびのＷｈｙ（何のために）について深掘りしてきましたが、第２章ではＷｈｏ（誰と）やＨｏｗ（どのように）について深掘りしていきます。

学級あそびの車が動き出すためには、二つのサイクルがタイヤの両輪として回り出すことが大切です。

一つ目は、**体験学習サイクル**です。学級あそびの活動を体験学習の一つとして捉え直し、あそびを確かなチーム体験にするための学習サイクルの回し方について考えます。

二つ目は、実践の**生産サイクル**です。追試実践ばかりに頼り切っていると、教師も子どもも「お客さん状態」の消費サイクルに陥ります。そんな消費サイクルから脱却し、自分たちであそびを加工し、創造していく新たな実践の形を提案します。

二つのサイクルを回していく中で見えてくる学級あそびの「責任と個性」や「継続性と小さな変化」についても言及していきます。それではアクセルを踏んでいきましょう。

ステップ3

「この先生とだったら」の信頼度を上げる

学級あそびについての本の読者は、何をしてあそぶかに最大限の関心を寄せることが多いと思います。しかし、Ｗｈｙ（何のために）を大前提として考えた後は、何をしてあそぶかの前に、誰とどのようにあそぶかを考えることが重要です。

Ｗｈａｔ（何を）よりもＷｈｏ（誰と）とＨｏｗ（どのように）なのです。

逆に言えば、ＷｈｏとＨｏｗが確立すると、何をしても楽しめるのです。それがたとえ、たかがじゃんけんにひと工夫加えただけのあそびでも。

まずはＷｈｏ（誰と）から深掘りしていきましょう。学級あそびを導入する際には、「この先生とだったら」の信頼度を上げることが大切です。あくまで主語はＷｅだからです。

そのために最初の段階でやるべきことは、**子どもたちの前での宣言に似た語り**です。

今日から自分たちであそびを創る挑戦です。元々用意されたあそびをするよりも、自分たちで創ったあそびを試しながらあそぶ楽しさに気付いてほしいです。みんなが先生と一緒に本気になれば、この学級で１００のアレンジじゃんけんを生み出すのも夢ではないでしょう。

これは、今までお客さんだった子どもたちの「楽しい」という感覚を自分が主体となって「楽しむ」という感覚に転換しようと行った語りの一部です。ここで大事なのは、「あなたたちと一緒に挑戦したい」と宣言することです。ただ導入するのではなく、一緒にやってみようと語りかけるのです。すると、主語はＷｅへと変化していきます。

さらに、多賀氏・鈴木氏（２０２３）によると、次に紹介するスキル（13－31頁を要約）をもった教師はより一層学級におけるレクやアイスブレイクを効果的に導入できると主張されています。

学級あそびにおける教師のスキル

Ａ　環境整備のスキル：「ＡＢＣペア」と「４人班」

子どもたちの様子や活動の内容に合わせ、ペアや班の組み方を柔軟に設定・変更する環境整備のスキルは大切です。例えば、4人班の中でのペアの組み方だけでも、A（両隣）やB（前後）、C（斜め）といったバリエーションがあります。使い分けてみましょう。

B　指示・説明のスキル：ナンバリング・モデリング・タイミング

数字を示したり、模範を示したり、タイミングを見計ったりしながら指示や説明をすることで、活動の主役である子どもたちに活動方法や内容が伝わりやすくなります。

C　終わるスキル：何秒で終わる・何回で終わる・全員達成で終わる

何をしたら終わりなのかが明確でわかりやすいと、子どもたちは安心して活動に参加できるようになります。また、区切りよい終わり方は次の活動への楽しみにつながります。

D　安心・安全に取り組むスキル：わかりやすさとみんなを大切に

わかりにくさが残る活動には不安を覚えます。活動方法や内容のわかりやすさに安心を感じます。また、どの参加者も大切にされているという雰囲気がより安心感を生みます。

E　「好き」を生かすスキル：教室掲示などによる全体周知→やりっぱなしからの脱却

よい学級あそびには、子どもや教師の個性が垣間見えます。個性を言い換えると、参加者の「好き」です。そんな「好き」を生かし続けるために、周知の仕方を工夫します。

F　盛り上げるスキル：繰り返しできる・アレンジできる・チャレンジできる

繰り返しとアレンジ性、チャレンジ精神。これら三つの要素が入るだけで、学級あそびを盛り上げていくことができます。

G　振り返りのスキル：①ゆび採点　②振り返り履歴

活動後は必ず振り返りの時間を取ります。指でさっと示す自己採点もあれば、記録として書き残していくスタイルもあります。

H　子ども主体で進めるスキル：①時間管理　②ルール説明　③進行　④振り返り

教師主体から子ども主体へと移行する際に、時間管理やルール説明、進行、振り返りの四つに分けて「自分たちでできる」過程をサポートし、自律的なあそびへとつなげます。

教育書の中でもよくスキル本は批判されますが、スキルだけに頼ってはいけないという意味であり、スキル自体が悪いわけではないのです。むしろ、こうしたスキル養成を意識しながら学級あそびを楽しく追求することで、教育的効果をどんどんと上げていけます。

ステップ3

ＰＡ理論から考える体験学習サイクル

次にＨｏｗについて考えていきましょう。学級あそびの実践は、事前にアイデアを考え、一緒に実践し、どうだったかを振り返り、さらに改善できないかを模索することが大切です。こうした学級あそびのサイクルが回り出すと、Ｗｅを主語にしたからこそ生まれる創造的なあそびに出合えるのです。

学級ゲームをプロジェクトアドベンチャー（ＰＡ）の視点で捉え直した甲斐崎氏（２０１３・22、23頁）は、学級ゲームを体験学習と同じように捉え、次の六つの過程を通して「体験学習サイクル」を意識して実践を行うよう主張されています（【　】内は加筆部分）。

（1）目標設定【このあそびで目指すことは？】

（2）活動【何をしてあそびますか？】

（3）振り返り【この学級で目指すあそびができましたか？】

（４）一般化【このあそびのよさは何だと思いますか？】
（５）適用【これからのあそびに生かせることは何ですか？】
（６）日常【休み時間でもやってみたいですか？】

私の学級でも、こうした体験学習サイクルを回せるように、74頁の「プレイシート」を作成してアレンジじゃんけんの実践を行いました。

まず、目標設定は次の長期・中期・短期に分けて設定しています。

長期目標：学級目標と照らし合わせながら、１年間の学級あそびを通して実現したい学級の姿を設定する。
中期目標：長期目標をさらに細分化し、「○学期までに達成したいこと」をクラス全体で話し合い、実態に合わせて設定する。
短期目標：中期目標をもとに、その日の学級あそびで達成したいことを設定する。

長期目標達成に向けた中期目標の設定では、学期からさらに月ごとや週ごとの目標設定も行うとより丁寧に体験学習サイクルを回していけます。また、フルバリューコントラクトを確認しながら短期目標を設定する欄をプレイシート上に設けています。

次に、活動→振り返り→一般化→適用とサイクルを回しながら、日常にもつなげていけるようにしました。75頁は、私の学級の子どもたちが書いたプレイシートです。

こうすることで、日常的なあそび（休み時間中のあそび等）にも転用していけるような学級あそびの体験学習サイクルが出来上がっていきます。私の学級ではこのサイクルによってあそびの引き出しが増えただけでなく、その内容も変化していきました。

ＷｈｏとＨｏｗを質高く整えるからこそ、Ｗｈａｔの引き出しの量が増えていきます。その引き出しは、意味のある量として積み重なっていき、学級文化を豊かにする質の高い学級あそびとなっていきます。質が量に転化し、量が質に転化するのです。

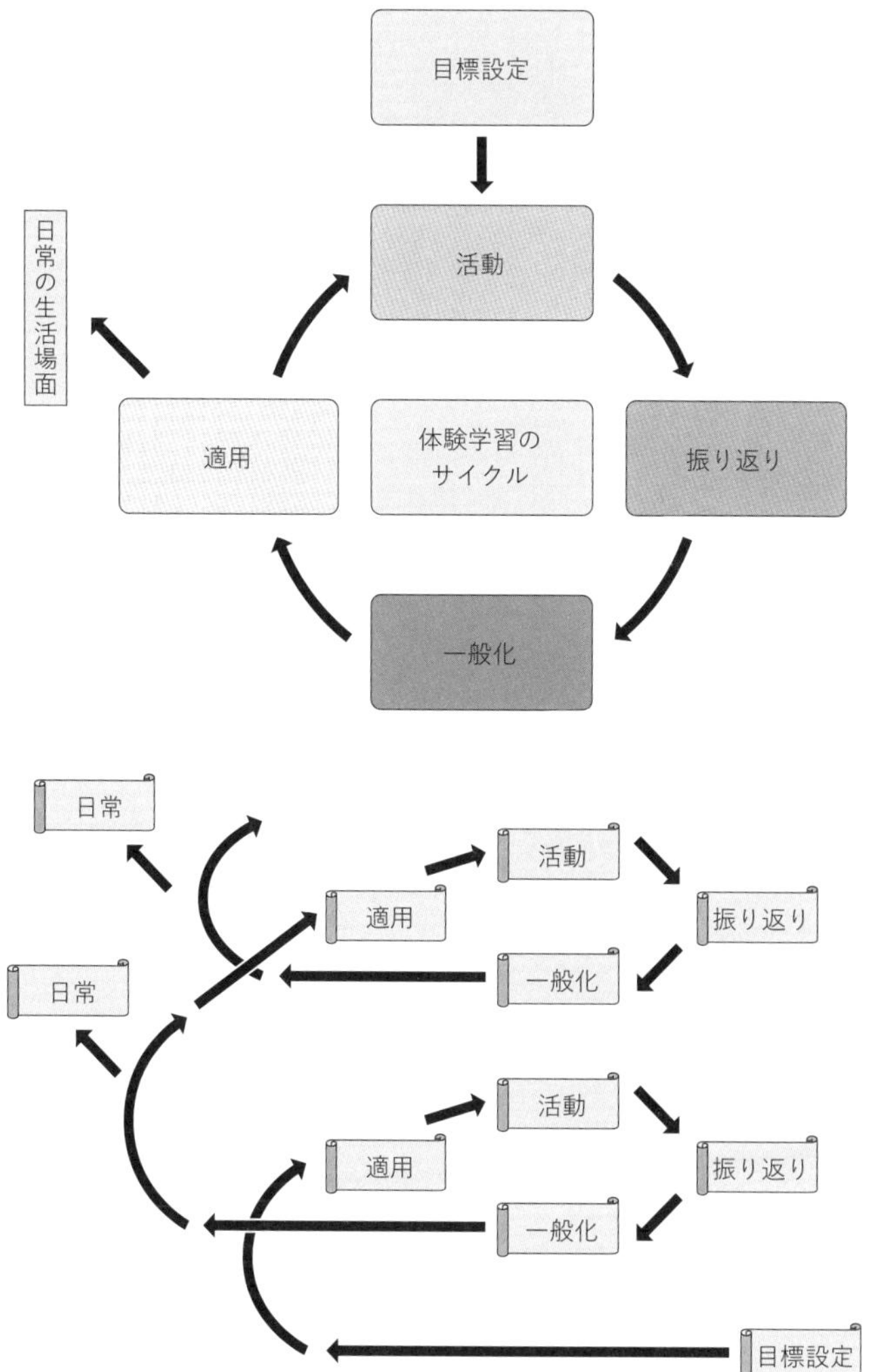
目標設定
活動
日常の生活場面
適用
体験学習の
サイクル
振り返り
一般化
日常
活動
適用
振り返り
日常
一般化
活動
適用
振り返り
一般化
目標設定

体験学習サイクル

月　　　日　　**プレイシート**

番　　名前（　　　　　　　　）

○年○組でめざしたいあそび

① BE HERE　参加する【みんなが参加できるあそびをしよう】
② PLAY HARD　一生懸命やる【ふざけすぎず、一生懸命あそぼう】
③ PLAY SAFE　安全にやる（心も体も）【事故やいじわるなく、安全に仲良くあそぼう】
④ PLAY FAIR　公平・公正にやる【結果がかたよらないように、ルールを確認して公平・公正にあそぼう】
⑤ HAVE FUN　楽しむ【一緒にあそぶ仲間と思い切り楽しもう】

(1) 目標設定【上の「○年○組でめざしたいあそび」から選んで、今日のあそびの目標を立てましょう。】

(2) 活動【今日遊ぶアレンジじゃんけん ➡『　　　　　　　』じゃんけん】

(3) 振り返り【○年○組でめざすあそびができましたか？あそんでみて上手くいったことや上手くいかなかったことを振り返り、より良くあそぶためのアイデアがあれば書きましょう。】

① 今日のあそびの評価 ➡ ☆☆☆☆☆（5段階のうちいくつ？ 星に色を塗りましょう）

② 上手くいったこと

③ 上手くいかなかったこと

④ よりよくあそぶためのアイデア

(4) 一般化【このあそびのよさは何だと思いますか？】

(5) 適用【これからのあそびに生かせることは何ですか？】

(6) 日常【休み時間でもやってみたいですか？】

やってみたいレベル ➡ ♡♡♡♡♡（5段階のうちいくつ？ ハートに色を塗りましょう）

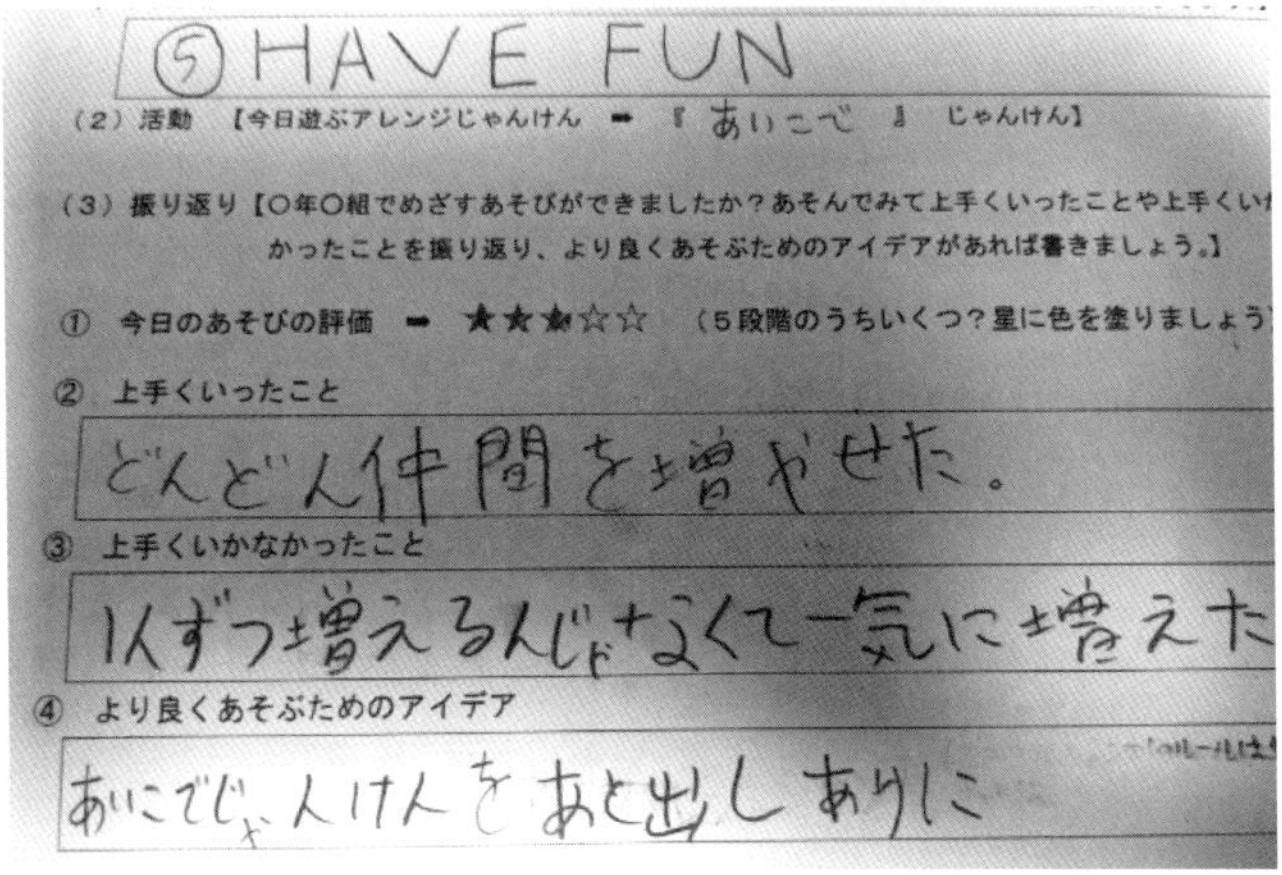

⑤HAVE FUN

（2）活動　【今日遊ぶアレンジじゃんけん ➡ 『あいこで』じゃんけん】

（3）振り返り【○年○組でめざすあそびができましたか？あそんでみて上手くいったことや上手くいかなかったことを振り返り、より良くあそぶためのアイデアがあれば書きましょう。】

① 今日のあそびの評価 ➡ ★★★☆☆ （5段階のうちいくつ？星に色を塗りましょう）

② 上手くいったこと

どんどん仲間を増やせた。

③ 上手くいかなかったこと

1人ずつ増えるんじゃなくて一気に増えた

④ より良くあそぶためのアイデア

あいこでじゃんけんをあと出しありに

Aさんのプレイシート

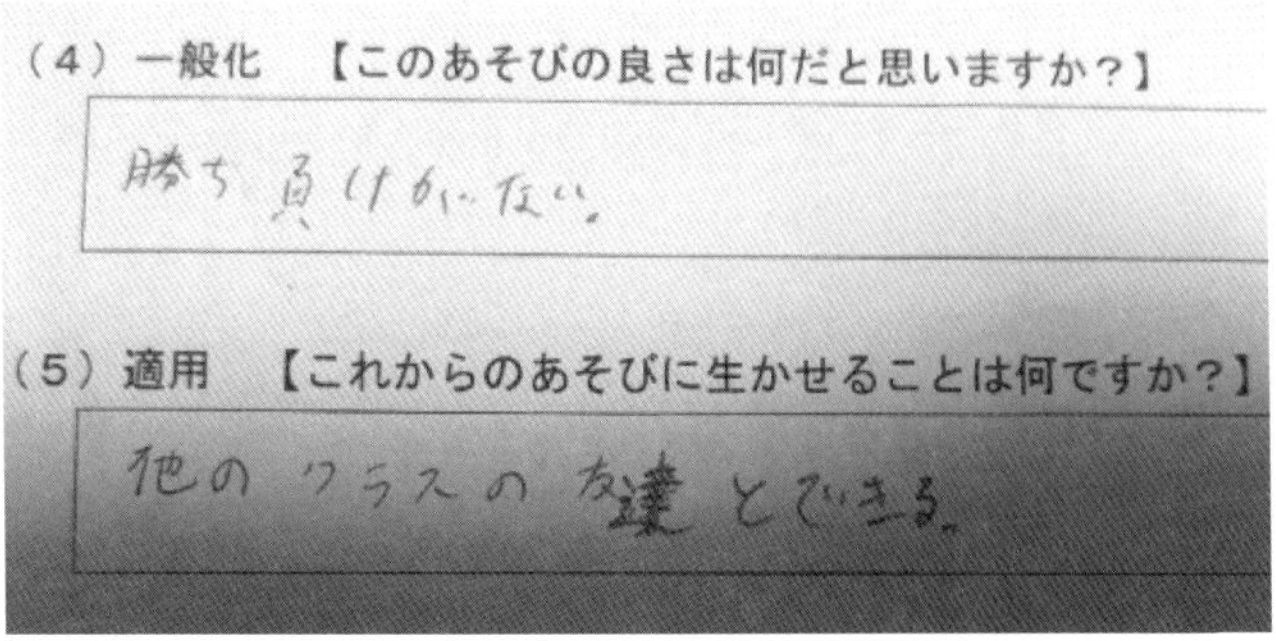

（4）一般化　【このあそびの良さは何だと思いますか？】

勝ち負けがない。

（5）適用　【これからのあそびに生かせることは何ですか？】

他のクラスの友達とできる。

Bさんのプレイシート

ステップ3

「楽しんで終わり」にしない

学級あそびは「楽しんで終わり」がゴールではありません。なぜなら、それは体験学習サイクルを回していない、場当たり的な学級あそびだからです。

学級あそびの中には、その場の雰囲気を一時的に変える「雰囲気あそび」が紹介されているものもあります。それらのあそびを行うことで、一時的にクラスを盛り上げたり、落ち着かせたり、教師主導で全体の雰囲気を転換させたりすることはできるかもしれません。しかし、そうして創り上げた雰囲気は持続しません。**明確なねらいをもち、どんな効果を得るために活動を体験させるかに注目してあそびを取り入れる「成長あそび」として学級あそびを見つめ直すべき**です。

私は、初任時代に担任していた子どもたちから、ある日こんなことを言われたことがあります。

「先生、もうお楽しみ会はやめて、授業をしてください」

言われた当初は、正直傷つきました。まさに苦い経験です。当時は、学級でお楽しみ会を実施する際、「楽しんで終わり」の場当たり的な学級あそびばかりをしていました。

その結果、楽しそうな雰囲気だけが先行し、目的を見失った活動の中で些細な行き違いが生まれ、トラブルが起きることもありました。この発言から子どもたちが伝えたかったことは、**目的を見失った場当たり的なお楽しみ会をしてもトラブルが起きるだけで楽しめないから、授業を受けている方がまだましだ**という悲しいメッセージでした。

こうした経験から、「楽しんで終わり」の学級あそびをやめ、「何のために学級あそびをするのか」について教師自身が解像度高く考え、子どもたちと一緒に共通理解するといったあそびづくりの過程の重要性を身に染みて学んだのです。

次に紹介する**アイコンタクトじゃんけん**は、体験学習サイクルを回しながら私の学級の子どもたちと一緒に練り上げて創ったアレンジじゃんけんです。コミュニケーション能力の向上という社会的効果（57頁参照）が得られると想定して創られた学級あそびです。

自分の意見を表現し、他者の意見を聞くことだけがコミュニケーションではありません。その前段階として、「目を合わせる」という行為があります。聞く人と目を合わせて自分の意見を表現する。目を合わせて他者の意見を聞くことができるかが重要なコミュニケーションなのです。なぜなら、目を合わせる行為は「相手を大切にしている（相手意識）」というメッセージを送ることによって成り立つ行為だからです。

ただじゃんけんをしているだけだと、相手の手の内ばかりに注目し、顔も見ずに次の対戦相手を探しに行ってしまいがちになります。一方、アイコンタクトじゃんけんは、相手と目が合わないとじゃんけんをすることができません。**まず目を合わせた上でコミュニケーションを図るという行動の流れを習慣づけるための一つの種まきとなり得る**学級あそびなのです。

私の学級では、スピーチや話し合い活動において相手と目を合わせる重要性を伝える際、アイコンタクトじゃんけんを体験してもらった上で伝えるようにしています。体験とセットで語ることで、自分事としてその重要性について納得するのです。このように、学級あそびの目的や効果を意識することで、確かなあそびを創造できます。

【アイコンタクトじゃんけん】のやり方

クラス内でそれぞれペアを組んで同時に取り組みます。

まずはペアでじゃんけんをします。

じゃんけんに勝った人は負けた人へ、クラスの子の名前を１人伝え、２人で一緒にその子の方を向きます。

その子とアイコンタクトができたら相手とハイタッチをします。

今度は負けた人が勝った人へアイコンタクトする相手を伝えます。いろんな人とのアイコンタクトを繰り返していきます。

席に座った状態から始め、立ち歩きしながらの状態にもクラス全体で挑戦していきます。

ステップ3
追試実践による消費サイクルからの脱却

教師が書籍等を参考に行う実践には、次の三つの段階があります。

消費サイクル

段階①追試実践：参考となる実践を模倣して行われる実践。すべてを模倣して忠実な再現を目指す「丸ごと追試」と、一部を模倣して自身の実践に取り入れる「部分追試」があります。試しにやってみる第一段階の実践。

段階②加工実践：参考とした実践の一部を加工（アレンジ）し、子どもたちの実態や実践者である教師の個性を踏まえて行われる実践。やってみたことを踏まえ、改善してみる第二段階の実践。

生産サイクル

段階③創造実践：追試実践や加工実践の経験を踏まえ、実践者独自の手法で行われる実践。これまで培ってきた実践の考え方や手法を生かし、実践者自身の力で新たな実践を創造することができる第三段階の実践。

これら三つの段階を経て、教師の実践は積み重ねられていきます。創造実践は自由度が高く魅力的ですが、あくまで加工実践を行った上で達成される段階の実践です。また、加工実践も同じように、前段階の追試実践を行った上で達成されるものです。

一方で、追試実践の段階でとどまっていることで、デメリットも生じてきます。それは、**いつまで経っても「消費サイクル」から脱け出せない**ということ。つまり、参考となる実践に対し、「消費して終わり」という状態です。仮に丸ごと追試をして、上手くいったとしましょう。消費サイクルから脱け出せない思考の教師は、特に改善もせずまた丸ごと追試を繰り返すでしょう。すると、上手くいかない壁に当たります。ここでまた別の参考となる実践を探すことになるのです。また、仮に部分追試をして、上手くいかなかったとしましょう。消費サイクルから脱け出せない思考の教師は、参考とした実践自体のせいにします。先ほどと同じように、また別の参考となる実践へと簡単に乗り移っていきます。

どちらもまるで買い物をするかのように、商品（＝参考とした実践）を買っては消費し、また別の商品を探しに行くのです。上手くいったら一時的には商品のよさを堪能しますが、思考停止状態で壊れるまで使い続けます。上手くいかなかったら商品を粗悪品だと決めつけ、また別の商品に手を伸ばします。このように、他人の実践を追いかけて試す消費活動に、Ｗｅを主語にした創造的なムーブメントは決して起きないのです。

体育の授業で私が取り入れた追試実践に、「ラインじゃんけん」というアレンジじゃんけんがありました。体育館や運動場に引いたそれぞれのラインに辿り着いた人同士でじゃんけんをし、勝ったら次のラインへ進み、負けたら前のラインへ戻るというあそびです。

実践してみたところ、学級で「ゴールした後はつまらない」という声が上がりました。ゴールした後何をするかは、参考にした書籍に記載されていなかったのです。つまり当時の私は、丸ごと追試をしながら、先にゴールした子どもたちも楽しめるような配慮を「参考にした本に書いていなかったから」という随分粗雑な言い訳を盾にして怠ったのです。

私は、子どもたちに「先にゴールした人も引き続き楽しむために、どうしたらよいかな？」と投げかけてみました。すると、「まだゴールしていない子を応援して、全員がゴールできるようにしよう」という意見が出ました。早速やってみると、温かい関係づくりにもなり、実践中の雰囲気がよくなりました。さらに、「全員がゴールできるように、ゴールした人も再び参加し、まだゴールしていない子のためにあえて負ける役を引き受ける」なんて意見も出ました。こうして改善されていった**改ラインじゃんけん**は、消費して終わらず、体育の授業で継続的に行える実践となったのです。

追試実践による消費サイクルから脱け出し、その先の段階の実践へと移りましょう。

【改ラインじゃんけん】のやり方

体育館や運動場にラインを引いた状態で取り組みます。

ラインの数は３本程度（実態に合わせて変更可能）。

平行に引かれたラインのうち、一番手前のラインをスタートライン、一番奥のラインをゴールラインとして設定します。

全員がスタートライン上でのじゃんけんから始め、勝ったら一つ奥のラインへ進み、負けたら一つ手前のラインへ戻る（戻れないときは止まる）ことを繰り返しながら、同じライン上の相手とじゃんけんを繰り返します。

ゴールラインに辿り着いたら、まだゴールしていない子も全員がゴールできるようにじゃんけんの相手になったり、応援したりします。参加者全員のゴールを目指します。

ステップ3

加工実践・創造実践による生産サイクル

加工実践や創造実践に挑戦すると、生産サイクルが回り出します。生産サイクルとは、参考にした実践を模倣して終わりの消費サイクルと違い、**その実践をヒントに加工したり創造したりすることで、Weを主語にして子どもたちと一緒に実践を生み出し続けていく**サイクルです。先ほどの「あそびを構成要素に細分化する」考え方を生かし、生産サイクルを子どもたちと一緒に回せるようになると、学級あそび集の本を読む必要はなくなります。いえ、正しくは「本を頼りに引き出しを増やすために読む」必要がなくなります。

私たちは、追試実践による消費サイクルに慣れていくうちに、重要な事実を見逃してしまいます。それは、学級あそび集の本を執筆しているのは他者だということです。つまり、自分が考えたのではなく、他者に考えてもらったあそびを真似しているだけなのです。

ここの何が問題なのか。そもそも学級あそびとは、その先生の個性がまず表れます。目の前の子どもたちからすると、目の前の先生の個性が出ていない学級あそびに少なからず疑問を感じます。簡単に言うと先生「らしくない」のです。

さらに、学級あそびは学級文化に根付いていくものです。そんなとき、別の個性をもった学級あそびをすればするほど、統一感がなくなり、学級文化として根付きにくくなるのです。ある学級あそびはA先生が創ったもの。ある学級あそびはB先生が創ったもの……。そういった学級あそびを繰り返せば繰り返すほど、ただの寄せ集め状態になり、個性がなくなり、学級文化として根付かなくなっていきます。

一方、加工実践や創造実践による生産サイクルは、その場にいる先生「らしさ」や子どもたち「らしさ」が表れる実践が生み出されていきます。担任がその先生だからこそのあそびや、学級にこんな子がいたからこそのあそびが生まれるのです。すると、統一感があるだけでなく、その学級だからこその唯一無二のあそびを楽しめるようになります。それは誰かに決めてもらった「よさそうなあそび」ではなく、**自分たちにとって特別でオンリーワンな「とっておきのあそび」**なのです。それは、プレイヤーとしてあそびを楽しむだけでなく、クリエイターとしてあそびを創造することを楽しむ前向きな姿勢と言えます。

こうした姿勢には、今までにない責任を伴います。それは、「やってみて上手くいかなかったら、あそびを考えた自分たちに責任がある」ということです。この責任を背負い、果たしていく経験を積み重ねることで、段々と主体性が育ち、Ｗｅを主語にしてその学級だからこそできた個性あるあそびを生み出す生産サイクルを回せるようになるのです。

先ほど紹介した「改ラインじゃんけん」のエピソードには続きがあります。まだゴールしていない子を応援したり助けたりするアレンジにとどまらず、「一人だけでなく、みんなでゴールする方法はないか」を考え続けたのです。ある日、「じゃんけん汽車ぽっぽ」と組み合わせてあそんでみた結果、次に紹介する**ラインじゃんけん汽車ぽっぽ**を生み出しました。こんなアレンジじゃんけんは、どの学級あそび集の本にも載っていません。生産サイクルを回したからこそ生み出されたあそびだからです。

このあそびには、**「みんなでゴールしたい」という担任の私や学級の子どもたちの願いが反映**されています。元々「じゃんけん汽車ぽっぽ」が好きだった子どもたちと、自分たちの学級文化として根付き始めていたあそびの「改ラインじゃんけん」を組み合わせるという発想は、まさに私や子どもたちの個性が出ていると言ってよいでしょう。そんなとっておきのあそびは、学級文化として根付く新たなあそびへとなっていったのです。

読者の方によっては、こんな無茶苦茶なじゃんけんは認められないと思った方もいるかもしれません。あなたやあなたが目の前にしている子どもたちの実態に合わないのであればそれでいいのです。いいあそびではなく、とっておきのあそびですから。

【ラインじゃんけん汽車ぽっぽ】のやり方

【改ラインじゃんけん】（83頁）でゴールラインまで辿り着いた子は、その後自由な場所でじゃんけんができるようになります。

じゃんけんに負けたら勝った子の列の最後尾の子の肩をもって付いていきます。段々と【じゃんけん汽車ぽっぽ】に移行します。

あらかじめ決めていた移行時間を知らせる１回目のタイマーが鳴ると、まだゴールラインに辿り着いていない子も自由に動くことができ、【じゃんけん汽車ぽっぽ】に全員が参加できるようになります。活動を終える時間を知らせるタイマーが鳴った時点で出来上がった汽車の状態でそれぞれライン上へ１列に並びます。

一緒にライン上へ並んだ仲間と「ゴール！」と叫びます。

ステップ3

責任と個性が伴う実践を

加工実践や創造実践には、追試実践にはない責任と個性が伴います。どんな責任や個性が伴うのか、ここでさらに深掘りしてみましょう。

担任が責任をもつということ―担任のリーダーシップ―

学級あそびの実践は、担任が子どもたちの様子を見て、学級をより良くしようと取り入れます。つまり、リーダーシップを取るのはまず担任なのです。このように、学級あそびの目的に立ち返ると、担任が責任をもつことは当たり前です。加工実践や創造実践は、誰かの真似をするだけの追試実践とは違い、その担任自身が加工したり、創造したりしたあそびを起点に生み出されます。「やり始めて上手くいかなかったら先生のせいでもあるから一緒に考えよう」と責任をもってリーダーシップを発揮する担任の姿に、子どもたちは付いていこうと思えます。その先に、Ｗｅが主語のあそびが待っているのです。

では、どのようにあそびのリーダーシップを発揮していけばよいのでしょうか。私は、次の二つを意識して加工実践や創造実践に挑戦してみました。

①あそびの目的を語りで伝えて共通理解を図る

②一緒にあそびながら軌道修正をする

担任がリーダーシップを発揮するのに、①の語りによる目的の共通理解は非常に効果的です。なぜなら、「上手くいかなくてもあそびの目的に立ち返って考え直せばきっとこの学級のためになる」と理解できるからです。そして、「先生も責任をもつから安心してね」というメッセージを②で伝えています。担任自身もまた一緒にあそび、子どもたちの様子をその都度把握して軌道修正をします。あそびの最適化です。

子どもたちが責任をもつということ―担任のマネジメントシップ―

では、責任の所在は担任一人だけでしょうか。それは違います。

「主体的に学習に取り組む態度」という評価項目が学びの世界にあるように、「主体的にあそびに取り組む態度」があって然るべきだと私は思います。子どもたちを受け身にしてしまったら、それはまったく責任をもたずにただあそぶのと同じことです。簡単に言うと、子どもたちがお客さん状態になってしまうのです。担任があそばせるのではなく、子どもたちが主体的にあそぶ態度を身に付けられるようにしたいのです。

私の学級では、アレンジじゃんけんを実践するとすぐさま「さらにアレンジできる子はアレンジしてやってみましょう」と投げかけます。これは、あそびは与えられるものではなく、自分で生み出すものだと理解してほしいからです。

新しいアレンジじゃんけんを子どもたちと一緒に考えていると、「スピードを速くしたらおもしろいのではないか」という意見が出ました。すぐに子どもたちと**高速じゃんけん**と名付けてやってみました。

ここで終わっていたら、スピードを速くしてみたじゃんけんというあそびを与えられて終わりのお客さん状態です。「この『高速じゃんけん』をさらにアレンジできないかな？」と聞くと、「逆にスローにしても楽しめそう」と意見を出した子が現れました。**スローじゃんけん**と名付けられた新たなあそびをしている子どもたちは、もはやお客さん状態から脱け出していました。

さらに、「最初から最後まで同じ速さなのもおもしろくないから、途中で速さを変えてもいいんじゃない？」という意見も出され、最終的には**速度チェンジじゃんけん**と名付けられたあそびが創造されたのです。

ここでも目的の共通理解を図りました。「速さを変えるじゃんけんをすることで、どんなことを意識できるようになると思いますか？」と問いかけると、「他の子とスピードを合わせて動けるようになると思う」と答えた子がいました。

子どもたちは学級の中で、自分とは進む速さが違う他の子と一緒に活動する場面に何度も出合います。それはあそびだけでなく、学習においても同じです。特に授業では、自分のペースで学習する個別最適な学びだけでなく、他者と協力して同じペースで学習する協働的な学びも求められています。だからこそ、こうしたあそびを通して、**「他の子とスピードを合わせて動く」という目的意識を育てる**ことは重要です。一緒にやってみた子どもたちの気付きから生み出された「速度チェンジじゃんけん」は、意味のある学級あそびを創造できたと実感しました。

担任はこのように、あそびのリーダーシップを発揮するだけでなく、さらによい方向へと進化させられないか問い続け、一緒に考え続けるマネジメントシップも発揮しなければなりません。担任のリーダーシップとマネジメントシップが両輪として学級経営上で機能し、子どもたちも責任をもってあそぶようになることで、主体的にあそぶ態度は養われ、お客さん状態から脱け出して責任を自覚することができるのです。

こうして創造されたあそびには、創造主の個性が表現されるようになります。

担任の個性が出るということ

みなさんは、趣味はありますか。私の職場の同僚たちにも、質問してみると意外な趣味をもっている先生がたくさんいます。お菓子作りや釣り、カヌー、フットサル、マラソン、マジック等、多種多様な趣味をもった先生がいらっしゃいます。そんな先生の趣味が転じて、あそびを創造していく上での個性として表現されることがあります。

私は、書道を趣味にしています。書道教室は小学2年生から始めたので、約25年間続けている趣味と言えます。そんな私は、子どもたちの字を見るとすぐに正しい書き順で書いた字なのかどうかがある程度見極められます。書道の世界でも書き順はとても大事だからです。点や線の書く順番を変えるだけで、全体の字のバランスは大きく変化します。

ある日、子どもたちの漢字ノートを点検していて閃いたあそびがあります。それが**書き順じゃんけん**です。じゃんけんに勝ったら一画ずつ書き進め、字を完成した人が勝ちというアレンジじゃんけんです。一度勝っただけでは本当の勝ちとならず、勝ち進めなければならないという要素が追加されたじゃんけんに魅力を感じる子が多くいました。

この「書き順じゃんけん」をヒントに、さらに提案したアレンジじゃんけんが**折り紙じゃんけん**です。折り紙は私の趣味ではなく苦手意識から来た発想です。手先がとにかく不器用な私は、折り紙に苦手意識をもっていました。一方、そんな苦手意識もその先生の個性と言えるのではないでしょうか。「書き順じゃんけん」と同じように、「折り紙じゃんけん」も勝ったら一順ずつ折り進め、作品を完成した人が勝ちというアレンジじゃんけんです。得意な書道と苦手な折り紙。どちらも私の個性が出たことで二つのアレンジじゃんけんを創造することができました。

担任の個性が出た学級あそびは、「○○先生だからこのあそびができた」と子どもたちが実感します。そんなオンリーワンな価値に子どもたちは魅力を感じるのです。

子どもたちの個性が出るということ

あそぶ主体である子どもたち自身が得意なことや苦手なことを自覚していると、おもしろい学級あそびへとつながりやすくなります。なぜなら、先生の個性が出るあそびと同じように、子どもの得意なことや苦手なことも個性あるあそびとして昇華し、表現できるからです。ここではある苦手なこと（＝弱み）を抱えたA子さんの話を取り上げます。

担任していた学級で出会ったA子さんが抱えていた弱み。それは、大きな声が出せないという苦手意識でした。発言や発表はもちろん、普段の会話でも声が小さく、耳を近づけないと聞こえないほどの微かな声です。

アレンジじゃんけんを実践している間も、A子さんはみんなと同じように元気に声を出してじゃんけんすることができませんでした。そんな自分が嫌になり、「声が小さい私のような人でも楽しめるじゃんけんを創りたい」とある日の日記に書いたのです。

一方、A子さんには強みがありました。絵を描くのが得意だったのです。そんな自分の特技を生かし、創造されたアレンジじゃんけんが**旗じゃんけん**でした。

これは、じゃんけんをするときに旗を出してやり取りするところに特色があります。手と比べて視覚的に印象が残りやすい旗を使用することで、声が小さな子でも楽しくやり取りすることができるようになりました。声を出す必要はありません。提示された旗にはその子オリジナルの「グー・チョキ・パー」の絵が描かれています。

そのうち「グー・チョキ・パー」の要素もアレンジされ、「イルカ・カエル・ルビー」の絵を旗に描いて対戦する**絵じゃんけん**がさらに創造されるようになりました。イルカはカエルに勝てる。カエルはルビーに勝てる。ルビーはイルカに勝てる。しりとりにもなっていて勝敗関係がわかりやすいアレンジじゃんけんです。

こうなってくると、A子さんの強みはそこら中で発揮されるようになります。「グー・チョキ・パー」の勝敗関係が成り立てば、どんな絵を描いてもいくらでもアレンジじゃんけんを生み出せるのですから。

「A子さん、この旗にウサギの絵を描いて！」と頼む子もいれば、「私の好きなキャラクターを描いてほしい！」と頼む子もいました。

大きな声が出せないという弱みを抱える一方で、絵を描くのが得意という強みがあったA子さんだったからこそ、こうしたあそびの生産サイクルが回っていったのです。

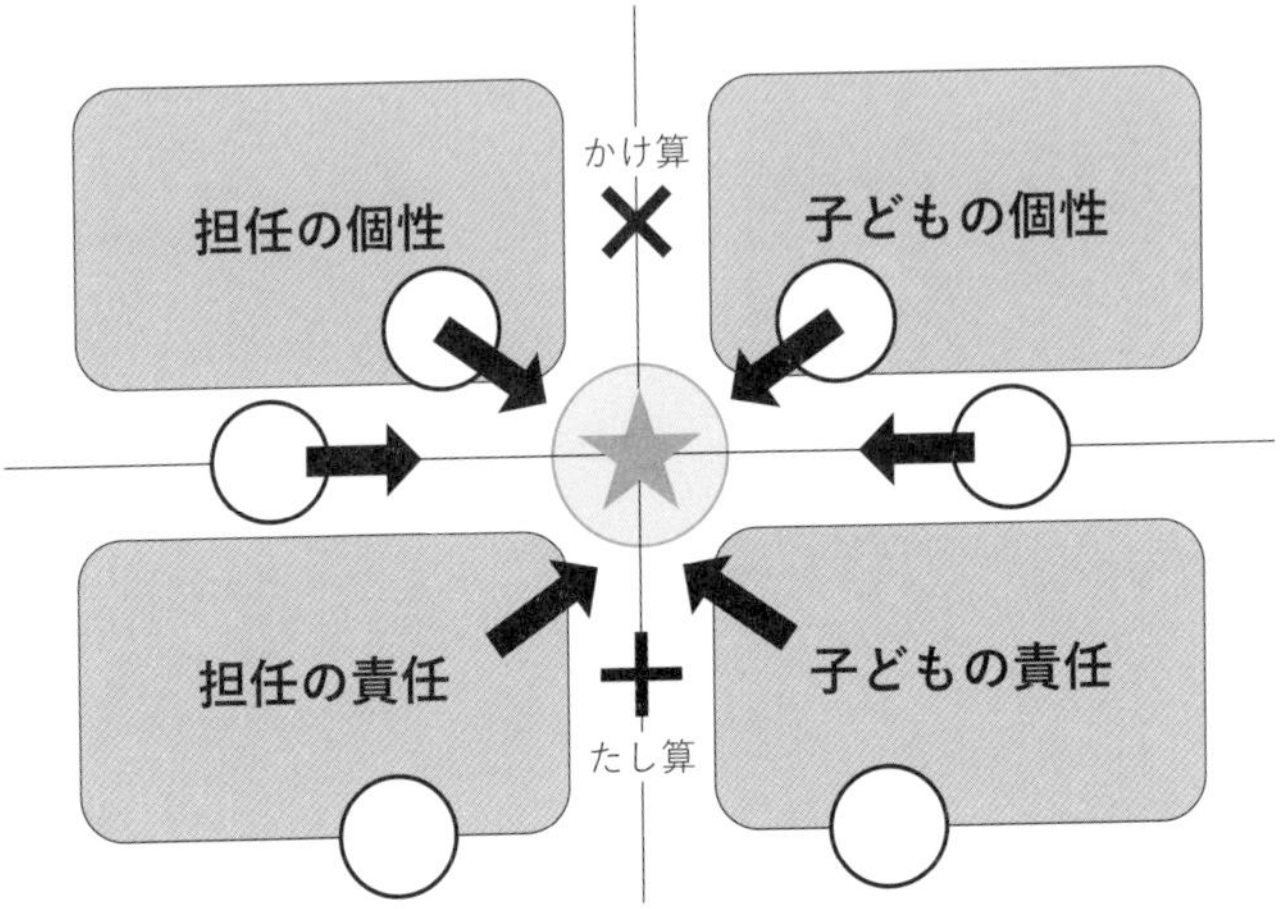

この節で紹介してきた学級あそびは、個人の特性が色濃く出ている部分は違いますが担任や子どもたちがお互いに責任をもち、個性を出した結果生み出された活動と言えるでしょう。上の図のように、どこを入り口にしてもよいので、担任の個性や責任、子どもの個性や責任の四象限がすべて重なる☆部分に意識を向けてみてください。バランスよく責任と個性が伴う実践を積み重ねることができます。

担任の責任と子どもの責任は、たし算で支えられます。あそびの責任は、一緒になって背負っていくのです。一方、担任の個性と子どもの個性はかけ算でシナジーを起こします。特色あるオンリーワンなあそびが生み出されるのです。

ステップ3
継続性と小さな変化を楽しむ

学級文化を形成する学級あそびとは、「毎日続けても楽しめるか」で決まります。なぜなら、学級あそびの実践は点ではもったいないないからです。**線をつないで実践していくからこそ、学級文化として根付いていく**のです。しかし、このあそびの継続性は多忙な教育現場において「時間がないから」と軽視されがちです。それでも、樋口・神前氏（2023）は、次のように主張しています。

あそびをする時間がない！という声も聞こえてきそうです。確かに、今の教育現場は忙しいです。でも、スキマ時間で構いません。取り組んでみてください。成果は保証します。そして、毎日とは言いませんが、週に1回でいいので、継続的に取り組んでみてください。継続的に取り組むことで効果が表れます。（2頁）

このあそびの継続性は非常に重要であり、甲斐崎氏（2013）も学級目標を見据えて

1年間継続してあそびを取り入れています。つまり、単発的に5分だけ取り組んで少しその場の雰囲気を一時的に変えるような雰囲気あそびでは効果が薄いのです。

一方、たくさんの時間をあそんだとしても、その回数が短いようだとやはり効果は薄くなります。大切なのは、**一回あたりの時間がたとえ短くても、継続的に取り組むこと**です。帯学習のように、帯あそびをするのです。学級あそびは、次の図のように帯状になって取り入れられる実践です。一時的に長い時間を使って実践するわけでも、てんでバラバラに実践するわけでもありません。

私の学級には、お笑いが好きな子がいました。係活動で友達と一緒に「お笑い係」を立ち上げるほどのお笑い好きです。そんなお笑い係からの提案でやってみたのが、62頁でも触れた「一発芸じゃんけん」でした。

じゃんけんで負けた人が勝った人に一発芸を披露するというものでしたが、残念ながらすぐに不採用となりました。このあそびには、毎日続けて楽しめない要素が多く含まれていたからです。例えば、一発芸を即興でするという行為に高いハードルを感じる子がいるはずです。さらに、じゃんけんで負けたらしなければならないという罰ゲームのような負荷は良い思いをしません。また、一発芸をされる側からしても、毎日同じネタをされても

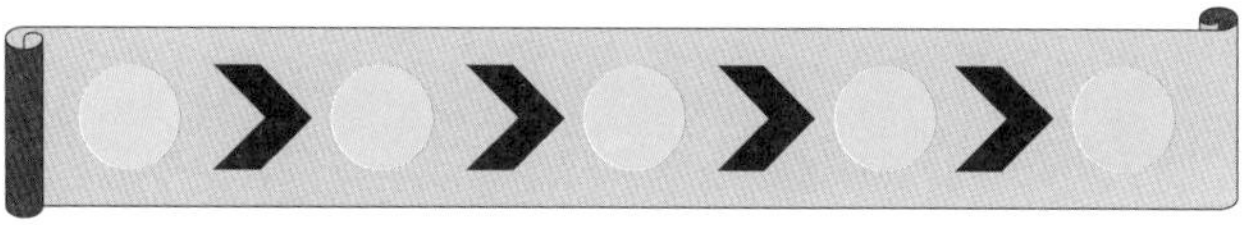

一つひとつは短い時間でも、帯状につながって実践される「帯あそび」が学級あそび実践の理想形

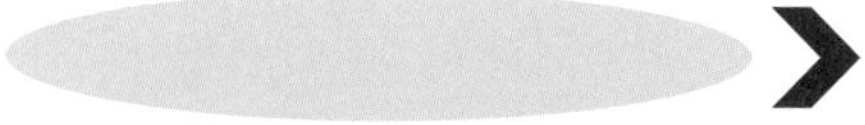

たとえ長い時間を使って学級あそびを行ったとしても、次の活動へとつながらなければ効果は薄い

たとえたくさんの学級あそびを行ったとしても、活動同士のつながりがなければ効果は薄い

笑えません。このように「毎日続けて楽しめるか」が抜けた学級あそびは、学級文化として根付かない単発のあそび（点の実践）で終わってしまうのです。

その実践には常に「小さな変化」があるか

変化の有無は「毎日続けて楽しめるか」に大きく関わる条件です。試しに休み時間中にあそんでいる子どもたちの姿を観察してみてください。いつも同じあそびをしていません。同じあそびをしていたとしても、同じ人が鬼になったり、同じ勝敗結果になったりすることはありません。毎日続けて楽しむあそびには必ず変化があるのです。

一方で、変化は大きくなくて構いません。むしろ大きい変化は、字のごとく「大変」です。小さい変化こそ取り組みやすいし、受け入れられやすいのです。なぜなら、人は変化を嫌う生き物だからです。自信のない子や経験のない子ほど食わず嫌いな傾向があります。まだ踏み入れたことがない新しい世界へ行くのが怖いのです。

だからこそ、**その子に合わせてスモールステップに挑戦していくこと**が重要なのです。大きな変化に挫折しないよう、まずは小さな変化から慣らしていくのです。

先ほどの「一発芸じゃんけん」は、同じ芸を繰り返すという変化のなさと、即興で一発芸をするという大きな変化という両面から、継続して取り組めないあそびになる危険性が大いにありました。そこで代わりに、62頁で紹介した「微笑みじゃんけん」や**おもしろ音読じゃんけん**をすることになりました。おもしろ音読じゃんけんなら、どこを音読するかは自由に選べるので変化があります。さらに、音読する量は少なくてもよいし、読み方を少し変えるだけでおもしろさが出る点において小さな変化と言えます。

水泳をするとき、いきなりプールへ飛び込む人はいません。体が急な温度変化に耐えられず、心臓が止まってしまう危険性があるからです。学級あそびも同じです。いきなり大きなあそびをしたり、大きな変更をしたりすると、最も守りたい子どもたちの意欲やあそびのルールを蔑ろにする危険性があります。場合によっては受け入れ難い実践となるのです。

一方、教師にとっても大きな変化を伴う学級あそびは、それまで築き上げてきた学級文化を豊かにするとは限りません。その先生らしさが垣間見えない実践へと大きく変化すると、個性や責任の伴わない実践へと成り下がります。**個性や責任を伴う実践であり続けるためには、小さな変化を起こし続けること**が大切なのです。

第3章

ブレーキをかけ、ナビを確認する

ステップ4

視野広く位置付ける【視座の見直し】

学級あそびのエンジンがかかり、サイクルが回り出すとアクセルをどんどんと踏み込んでいけるようになります。しかし、ここで一度ブレーキをかけ、今実践している学級あそびを様々な視点から位置付け直すことが大切です。

プロのF1レーサーは、アクセルではなく、ブレーキの達人だと言われています。学級あそびの実践が調子よく行われているときこそ、立ち止まって考えてみましょう。

学級あそびは、そのクラスのフルバリューやWell-beingに向けて大きな目標を達成する活動の積み重ねの過程です。達成するためには、「今いる位置が本当に正しいのか」「今向かっている方向が本当に正しいのか」の2点を再確認する機会を定期的に設けることが大切です。それは『楽求あそび』という車を一旦停車し、ナビを確認しているのです。

本章では、広い視点で学級あそびを継続的に実践していくためのヒントを集めました。一度立ち止まってあなたの学級あそびを位置付け直してみてください。

ステップ4

あそぶ、まねぶ、まなぶ

右の言葉は、保育と教育のつながりを端的に表していると言えます。よくあそべる子はよく真似ができる子になり、よく真似ができる子はよく学べる子になります。

小学校学習指導要領解説「特別活動編」においても、保育と教育との接続の重要性について次のように触れられています。以下、「幼児期の教育との接続及び関連」145頁から引用しています（注目箇所に筆者が傍線）。

> 幼児期の教育において、「自立心」や「協同性」、「道徳性・規範意識の芽生え」、「社会生活との関わり」などの「幼児期の終わりまでに育ってほしい姿」が育まれてきていることを十分に理解した上で、入学してきた児童への関わり方を考えていく必要がある。（中略）
>
> 一方で、遊びを通して総合的に学ぶ幼児期の教育と、教科等ごとに学習する小学校

の教育は異なる特質をもっており、小学校に入学したばかりの児童にとっては、幼稚園等で発揮できていた姿を小学校の学習においてすぐに発揮できるとは限らない。このため、主体的に自己を発揮しながら、より自覚的な学びに向かうことが可能となるようスタートカリキュラムの工夫や、特別活動において新しい学校生活への適応に資する活動を工夫することが必要となる。（中略）

幼児期の教育においては、遊びや生活の中で、資質・能力を育んでおり、小学校教育においては、教科等の特質に応じた「見方・考え方」を働かせた学習を通して資質・能力を育むとともに、教科横断的にそれらを総合・統合していく意図的・系統的な学びを行っていく。

幼児期の教育において、あそびや生活の中で様々な資質・能力を育んできた子どもは、「幼児期の終わりまでに育ってほしい姿」を実現しつつありますが、それをすぐに発揮できるとは限りません。小学校教育においても「よくあそぶ」ことについて深く考え、特別活動などの時間で実践することで、小学校教育において重視されている教科横断的な意図的・系統的な学びへと移行していくのです。

三好氏（2021）は、1年生あそびを提案する上で、幼児期の教育とあそびについて、次のように「あそびこみ」が「学びこみ」へと移っていくと主張しています。

1年生を教えるにあたって考慮しなければならないのは、幼稚園・保育園との「接続」です。接続をはかるためには、幼稚園や保育園で育てられてきたことを捉えることが必要です。幼稚園・保育園などの幼児期の教育の本質は、「環境を通したあそび」にあります。幼児は、体全体で対象に向かい、夢中になってあそびます。そのとき、見たり触れたり感じたり考えたりすることで、五感を精一杯はたらかせます。（中略）あそびが思考を深め、イメージや「学びの芽生え」を形成させていくのです。子どもたちは、失敗や試行錯誤を重ねながら、時間を忘れて没頭します。そのように没頭して「あそびこみ」ができる幼児は、児童期での教科学習にも主体的に関わることができるようになると考えられています。「あそびこみ」が「学びこみ」へと移っていくのです。（10頁）

さらに三好氏は、幼児期において「あそび」が教育において生命線だった子どもたちにとって、「あそびの中の学びが見えにくい」状態が小学校での生活に馴染めない大きな不安要素であると指摘しています。

小学校においての「あそび」というのは、休み時間に行われるものであり、「あそびと学習はまったく異なるもの」と考えられることがあります。あそびは、単に「あそんでいるだけ」にしか見えず、「あそびの中に学びがある」とは考えにくいものです。小学校教育において重要なことは、教科書を中心とした教科学習だと考えるのが一般的なことなのです。こうして考えてみると、これまで幼児教育と小学校教育の間に段差があった原因は、「あそびの中の学びが見えにくい」ということにあったと考えられます。この違いにより、小学校に入学した子どもは、戸惑いや混乱を起こしてしまうことがあるのです。ときには不適応を起こしてしまい、いわゆる「小１プロブレム」に発展する場合もあります。幼児期から児童期にかけての段差を取り除き、幼児期と児童期をつなげ、なめらかに小学校生活をスタートできるようにすることが求められています。（11頁）

三好氏は、幼児期のあそびの中の学びを教科等の学びへとつなげるために、幼児期のあそびを引き継ぐようにして、1年生でもあそびを行うようにしています。具体的には、幼児期で大切にされてきたあそびに取り組みつつ、ルールやマナー、学習の楽しさを感じられるようにしています。

ここで、三好氏の主張を踏まえて次の2点を提案させていただきます。

(1) 幼児期の教育との接続期間は、1年生の間だけではない。
(2) 学びの中にあそびが見えないのも、不安につながる。

一つ目は、幼児期の教育との接続期間を1年生に限定するのではなく、三好氏の主張する「あそびの中に学びがある」活動を他学年の子どもたちとの学級あそび実践においても積極的に取り入れるべきという点です。

なぜなら、同学年においても、子どもたちの発達年齢の幅にはそれぞれ大きな開きがあるからです。子どもたちの実態を踏まえ、**どんな学年でも幼児期の教育との接続に不安が**

ある場合は積極的に「あそびこむ」ことが大切なのです。

二つ目は、子どもたちにとって、あそびの中に学びが見えない不安がある一方で、逆に学びの中にあそびが見えないのも不安につながるという点です。特に幼児期の教育との接続に困難を抱える子にとっては、**学びの中にあそびが見えないと「ただ学ばされている」という受け身の状態になってしまう傾向があります。**

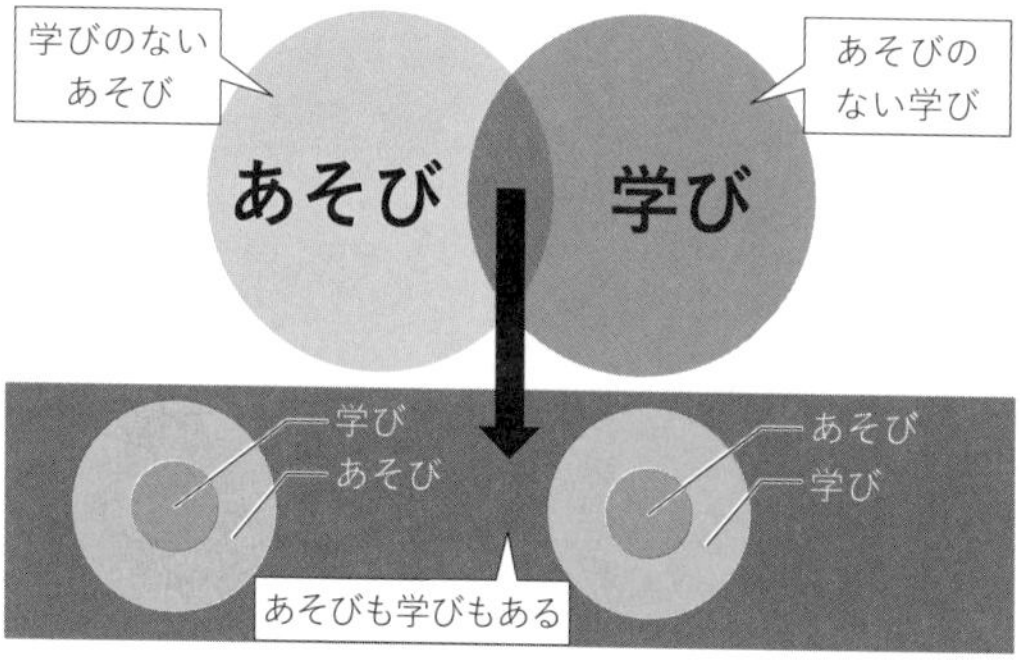

上図の「あそび」と「学び」が重なり合った部分において、あそびの中に学びが見えたり、学びの中にあそびが見えたりする状態を学級あそびにおいて目指していくべきではないでしょうか。そうすることで、あそびこみが学びこみへとつながり、学びこみがあそびこみへとつながる双方向的なアプローチで実践を積み重ねることができるようになります。その積み重ねが、幼児期の教育との接続をスムーズにさせる大きな効果を発揮すると考えます。こうした視点で子どもたちが「よくあそぶ」場を設けていきたいです。

ステップ4

休み時間中にこそ目を向ける

日野氏（２０１８）は、休み時間の定義と休み時間中のあそびがもたらす三つの場について次のように主張しています。

休み時間は業間休みと呼ばれることもあり、諸説様々ありますが、ここで言う業間とは「授業と授業の間」という意味。5分という短い時間のものもあれば、20分を超える長い時間のものも。心身をリラックスさせるための非常に重要な時間です。（9〜10頁）

「休み時間ゲーム」が生み出す三つの場！

①心身のリラックスの場
②把握の場
③つながりの場

休み時間中は「あたま」よく遊ぼう！

あ　危険なことをしない　いじわるをしない
安全に 安心して 遊ぶ

た　みんなで楽しむ　困っている子を助けながら
楽しく 助け合って 遊ぶ

ま　まわりの人に迷惑をかけない　時計を見て
マナーを守り 間に合って 遊ぶ

上の掲示物は、学級の子どもたちの休み時間中の過ごし方に問題意識を感じて創り上げた掲示物です。当時は教室や廊下を走る子やトラブルを起こす子がいました。日野氏が主張する「休み時間ゲームが生み出す三つの場」が生み出されづらい状況でした。

それを一人ひとりの課題意識として感じてもらおうと**「自分たちもまわりの人たちも気持ちよく休み時間を過ごすためには、どのようにあそんだらよいでしょう」**と問いかけ、考える場を設けました。そこで子どもたちから出てきた意見を「あ・た・ま」の頭文字でまとめ、掲示しました。すると、自分たちの意見が取り入れられた掲示物を、子どもたちは自分事として意識するようになりました。こうして、休み時間中のけがやトラブルは少しずつ減っていったのです。

学級の子どもたちの様子を見ても、休み時間中に休んでいる子は意外と少なく、どの子も誰かと何かしらのあそびをして過ごしていることがわかります。

休み時間は、学校生活時間の一部です。授業時間中の特別活動の時間だけでなく、この休み時間を充実した時間にすることで、学校生活はより一層充実していきます。そんな休み時間ですが、子どもたちはほとんど休んでいません。実際は休むことよりもあそびのことばかりを考えています。だからこそ、そのあそびをより楽しめるように支援を行う必要があります。休み方だけでなく、あそび方も重要なのです。

休み時間中に子どもたちが自律的にあそびを楽しめるようになれば、ゆくゆくは毎日の学校生活全体を自律的に楽しむことにつながるはずです。

先ほど紹介した休み時間中に楽しそうにあそんでいた私の学級の子どもたちは、授業でも楽しそうに学習する姿を見せていました。あそびと学びは強くつながっているからこそ、あそびに対する支援も忘れてはいけません。

にもかかわらず、休み時間中の教師の振る舞いや子どもたちへの支援について書かれた教育書を私は見かけたことがありません。それらはすべて特別活動の授業時間内に完結するもののように書かれています。そうではなく、そのまま休み時間中のあそびにも応用できる考え方や手法を伝えていくべきではないでしょうか。

そもそも、私たち教員は休み時間中の子どもたちの姿をあまり細かく観察できていません。その子がいつ、誰と、どこで、何をして、どのようにあそんでいるのか。担任クラス全員分答えられる先生はほとんどいないでしょう。しかも、日によってその内容は違います。毎日観察し続けないと見えてこない子どもたちの姿がそこにあるのです。

試しに休み時間中も学校生活時間の一部と意識し、その時間内に一度全員の子どもを観察することに挑戦してみてください。

一人あたり３秒ほどで十分です。移動時間と合わせても10分ほどで終わるはずです。一緒にあそばなくても構いません。むしろ一緒にあそぶとその子たちしか観察できず、客観的な視点を失います。

私はいつも、週に一度は曜日と時間を決め、運動場を含めた校内全体を歩き回り、学級や学年の子どもたち一人ひとりを観察するようにしています。週によって観察する曜日や時間は変えています。そこから客観的な視点に立ち、子どもたちの実態に合わせたあそびを創造するようにしています。

ステップ4

余暇との関係

宮川氏（1997）は、当時から学級あそびを余暇の関係において位置付けています。週休二日制の中で学校生活を送る子どもたちにとって、余暇となる土日にどんな生活を送るかも学校教育が基盤となることを示唆しているのです。

余暇はただ漠然と過ごすものではなく、自ら活用して過ごすものであるとし、「余暇活用能力」を高める指導の重要性に触れられています。そんな余暇活用能力を高めるための指導の一つとして、「効果的な時間活用」の指導を挙げています。その内容は次の二つです。

・**学校生活における主体的な生活態度を育てること**
・**学校外の主体的な生活、時間活用を積極的に工夫できるようにすること**

この中でも、「休み時間・放課後の生活」の指導の項目において、宮川氏（1997）は次のように述べています。

余暇活用能力の育成を考える場合、朝の始業前の活動ともかかわらせて休み時間・放課後における生活の在り方についても考え工夫することが大切である。朝の始業前で取り上げていることに併せて、一層学習や集団活動に関する活動が主体的に展開されることについても、その意義や主体的な活動の在り方を子どもと教師が共に考えて工夫したい。

休み時間、放課後の時間の生活態度の指導は、余暇活用能力の育成の一環であるとの認識に立って行われるよう学級経営案に明確化すべきである。特に、学級計画委員会の活動、係の活動、児童会の各種の活動など子どもの自主的な活動の時間として有効に活用する態度を育てることが重要である。

一方、子どもが自分たちで遊びの工夫に取り組むことも大切である。自由遊びを基本としながらも、時には、「グループ遊びの日」を決めて、男女が一緒に仲良く遊ぼうという試みをする。そのような経験から、人間関係の深まりや社会性などが発展することも期待できる。子どもたちの創意工夫は、多様な可能性をもっていると信じたい。（154〜155頁）

集団活動が主体的に展開されることの意義や在り方を、子どもと教師が共に考えて工夫することが大切です。特に、休み時間や放課後の時間の生活態度の指導は、**余暇活用能力の育成の一環であるとの認識に立つべき**です。そこから段々と子どもが自分たちであそびを工夫し、よりよくあそぼうと試みる経験が、人間関係の深まりや社会性の発展につながっていきます。

宮川氏が主張しているように、子どもたちの創意工夫は、多様な可能性をもっています。アレンジじゃんけんを自分たちで創ってみようと私の学級で呼びかけてみたところ、左のようなあそびを自分たちで生み出し、休み時間中にあそんでいる子がいました。これらのアレンジじゃんけんは、この日だけでなく、毎日のように行われ、自分たちでさらにアレンジしたじゃんけんであそんでいる姿が見られました。

こうした経験の積み重ねが、余暇活用能力の育成にもつながっていくのではないでしょうか。例えば、次に触れるオフラインであそぶ経験の不足を補う上でも、学校生活の中で自分たちが生み出したオリジナルのあそびは、重要な役割を果たしていると言えます。

【遠ざかりじゃんけん】のやり方

じゃんけんをする相手とどこまで遠ざかって対戦できるかに挑戦します。片方は目をつむって10数え、もう片方はその間に遠ざかります。10数え終わったら、対戦相手がどこにいるのかを探します。

対戦相手がいる場所がわかったら、その距離を保ったままじゃんけんをします。声ありでも声なしでも楽しめます。

【鬼ごっこタッチじゃんけん】のやり方

鬼ごっこにじゃんけんの要素を追加します。

通常の鬼ごっこでは、鬼にタッチされたら鬼が交代になりますが、このあそびはタッチされたら鬼とじゃんけんをします。

鬼に勝ったら、交代せずに引き続き逃げることができます。

負けたら鬼を交代して追いかけます。

【物じゃんけん】のやり方

身のまわりの物をグー・チョキ・パーに当てはめます。

例えば、グーは消しゴム、チョキはえんぴつ、パーは定規などです。

当てはめた物を手の代わりに出してじゃんけんをします。

背中に物を隠してじゃんけんすると、何が出るかわからなくてワクワク感が増します。持つのに安全で小さい物を使います。

ステップ4

オフラインのあそび経験が少ない子どもたち

ニフティ株式会社は、運営する子ども向けサイト「ニフティキッズ」にて、「休みのすごし方」に関するアンケート調査を実施し、2021年7月に調査レポートを公開しています。

本調査では、小中学生を中心とした子どもたち2453人を対象に、休日は誰と過ごしているか、どんなことをして過ごしているか、理想の休日の過ごし方などについてアンケートを実施しています。119頁の円グラフからわかるように、休日の過ごし方について、小学生の約半数は「家族ですごす」と回答しましたが、中学生になるとその割合が大きく減少し「ひとりですごす」との回答が約6割となりました。「友だちとすごす」と回答した小中学生は少数派となりました。

また、ひとりで過ごす場合の過ごし方は、小学生では「ゲームをする」が最も多かったのに対し、中学生では「勉強する」がトップ、次いで「スマホを見る」となっていて、中学生になると休みの過ごし方に変化があることがわかりました。

○［ひとりですごす人へ］ひとりですごす場合、どんなことをすることが多い？

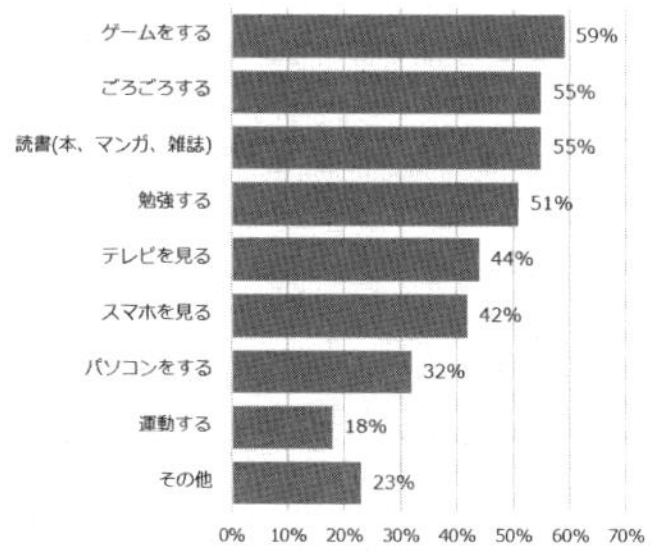

○休みの日、どうすごすことが多い？

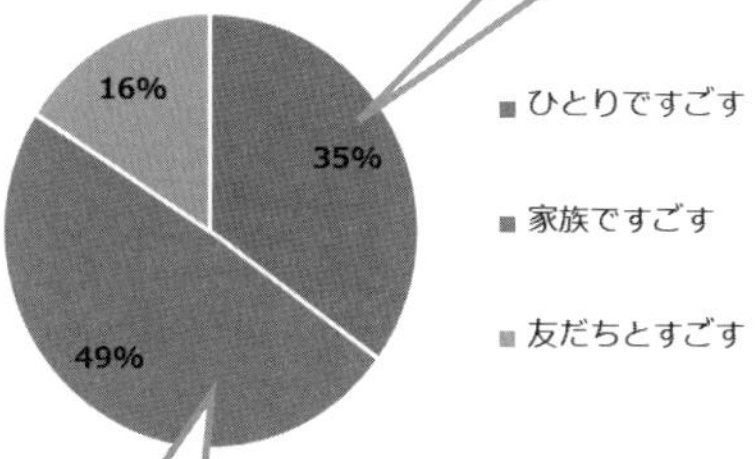

○［家族ですごす人へ］家族ですごす場合、どんなことをすることが多い？

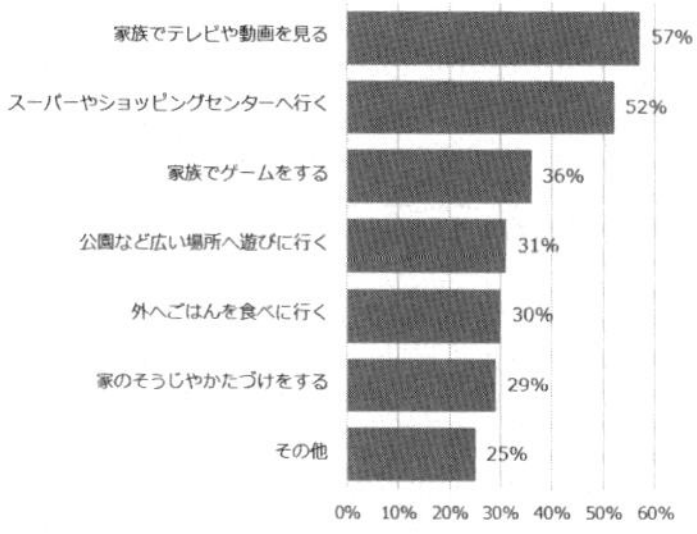

いずれにしても、小学生のうちから余暇は家の中で一人で過ごす子や家族と一緒に過ごす子が多いことがわかります。外で友達と一緒にあそんで過ごす子は私たちの想像以上に少ないのです。

「今日学校から帰ったら○時に○○公園に集合ね」

こんな約束が交わされ、一緒に遊具であそんだりバスケをしたりするのが私が小学生だった頃の日常でした。しかし、今の時代は次のような言葉が日常的に交わされます。

「今日学校から帰ったら○時にゲームのオンラインで待ち合わせね」

つまり、オフラインでなく、オンライン上で待ち合わせをし、お互いの顔を見ずに家の中であそぶのが当たり前なのです。チャットの音声やテキストで交流している状態です。試しに近くの公園に行くと、純粋にオフラインのあそびを楽しんでいる子は意外と少ないものです。公園に来ている子たちの手にはスマホやゲーム端末が握られています。オフラインの場でオンラインのあそびをしている現状です。

昨今は学校現場もオンライン化していきました。ＧＩＧＡスクール構想により、子ども一人ひとりにタブレット端末が配付されています。子どもたちはさらにオンラインの環境に慣れ、オフラインから遠ざかっていきます。

確かにオンラインは便利です。しかし、オフラインだからこそ得られていた利点が失われている側面に、目を背けてはならないのです。

それは子どもたちのあそびの世界で既に起きています。**オフラインのあそび経験が少ない子どもたちほど、オンライン上でもトラブルを起こしやすくなる**のです。

子どもたちは、オフラインのあそび場でルールを守ることや人間関係の形成、社会性を育み、それをオンラインのあそび場においても応用していきます。

しかし、現代の小学生は生まれながらにオンラインのあそび場があったデジタルネイティブ世代です。オフラインからオンラインへのあそびの応用はできても、オンラインからオフラインへのあそびの応用は難しいのです。

つまり、子どもたちはあそびの前提となる資質や能力が十分に育まれていないままオンライン上であそんでいることになります。トラブルが起きやすくなるのは明白です。オフラインのあそび経験が少ない世代が学校というオフラインのあそび場で出会うからこそ、そこでは意味のある学級あそびの積み重ねが重要な役割を果たします。

そんなオンライン上のトラブルを防止するために、文部科学省はデジタル・シティズンシップ教育の推進を学校現場に呼びかけています。私の勤務校でも市の教育委員会の指針に従い、どの学年・学級も必ず授業実践することになりました。デジタル・シティズンシップ教育は、オンライン上のルールやマナーを学ぶ上で重要です。

一方で、オンライン上にばかり目を向けていくのではなく、**オフライン上でも安心・安全にあそべるように、アナログ・シティズンシップ教育も欠かせない**のではないでしょうか。

それはこれまで、放課後の公園や空き地で子どもたちが自然と育んでいたものでした。しかし、そうしたオフラインのあそび経験が少ない現代では、学校においてそうした経験を補填することが大切なのです。アナログ・シティズンシップ教育は、学級あそびの実践においても行えると言えます。

子どもたちはいつの時代も、ゲームが大好きです。今の時代は特に、オンラインゲームの全盛期と呼んでもよいでしょう。昨今はｅスポーツと呼ばれるゲームのスポーツ化がなされ、ゲームの大会が行われるようになりました。

オンラインのあそび場は、依存性が高まるような条件が揃った環境が構築されます。ログインボーナスをはじめとしたボーナスポイントシステムや時間をかければかけるほどレベルアップできるという時間投下システムなど、依存性を高めるシステムは挙げ出したら切りがありません。

そんな環境の中で、子どもたちはあそびをただ消費することだけに集中します。そこに加工や創造の余地はありません。なぜなら、元々ゲーム会社によって用意された世界の中でしかあそべないからです。

つまり、オンラインのあそび場は、刺激が強い反面、依存度の高い消費サイクルだらけの世界なのです。こうしたあそびに慣れていくと、ますますあそびの生産サイクルは回しづらくなっていきます。そもそも生産サイクルを回した経験のない子が多くなるのです。

学級あそびには、ゲームコンテンツのような強い刺激はないかもしれません。しかしそこには、**「自分たちで考えて創り出した」という何よりの事実が必ず残る**のです。

与えられたあそびをただ楽しみ、また次のあそびを探しているうちに依存していったという消費サイクルから脱け出す方法を、私たちは子どもたちと一緒に真剣に考えなければなりません。

ステップ4

オンラインとの両立

一方で、オンラインのあそびがすべていけないと言っているわけではありません。

庄司氏・深見氏（2020）は、オンライン上のトラブルも次のようにチャンスと捉え、学級内によい雰囲気をつくるきっかけとして発想を転換すべきだと主張します。

子どもたちは（人は）、できることはやってみたいものです。できるようになることは、うれしいものだからです。そんな子どもたちの気持ちに寄り添ってみると、設定で禁止するだけではなく、違う対応がとれると思いました。

たとえば、「お絵かき機能を使って、どんな楽しいことができそうかな？」とか「チャット機能を使って、楽しいことができないかな？」と、楽しむためのツールに変えてしまうのはどうでしょうか。

そうすると、共有画面での落書き問題から、「お絵かきタイムがほしい」「お絵かきコンテストをしよう」「お絵かきしりとりをしよう」「何を描いているか当てようゲームをしよう」という、アイデアが出てくることもあるでしょう。

チャットが荒れる問題は、「チャットでしりとり」「みんなでいいところを伝えようの会」「早押しクイズならぬ早答えクイズ大会」「何でも好きなことを書く会」など、アイデアが集まるかもしれません。

こうやって、問題を解決していく過程がとても大切です。クラス全体で、「みんなが居心地のいい空間をつくる」という目的意識をもつことで、問題をチャンスにして、よい雰囲気がつくれると思います。（28～29頁）

さらに、オンラインでしかできないゲームのよさとして次の四つを挙げています（36頁）。

①ネットの時間差を楽しめる
②モニターをフル活用できる
③自宅だからできる
④共有ボードを使ったあそびができる

オンラインのあそびを全面的に否定するのではなく、オフラインといかに両立させていくかを考えていくことが、現代の子どもたちのあそびにおいて重要な価値となります。

コロナ禍において、オンライン朝の会をタブレットを使って実施したことがあります。児童の健康観察の時間ですが、私の学級では、そこに学級あそびも加えました。

その名も**オンラインじゃんけん**です。オンライン上でじゃんけんをするというだけです。ここでおもしろいのが、オンライン上なのでマイクの音声とスピーカーの音声との間にわずかな時間差が生じる点です。

「相手とタイミングを合わせながらじゃんけんできるかな?」と声を掛けると、子どもたちは、どうしても生じてしまう時間差をむしろ楽しみ、盛り上がることができました。

じゃんけんは通常オフラインのあそびです。しかし、幼児向けテレビ番組などのように、画面に向かってじゃんけんをすることも不自然ではありません。つまり、「オンラインじゃんけん」は、**オンライン上でオフラインのあそびを行う上で、無理なく導入できるスモールステップなあそび**となります。

オフラインのよさをオンライン上で実現する。オンラインのよさをオフライン上で実現する。どちらの視点ももち合わせたあそび経験の両立を図りたいです。

【オンラインじゃんけん】のやり方

ZoomやTeams等のオンライン会議アプリを使い、画面上の相手とじゃんけんをします。代表者１人とじゃんけんをしてもよいですし、指定された番号の相手とじゃんけんをしてもよいです。

時間差が生じることをあらかじめ伝えておき、タイミングを合わせながらじゃんけんができるかに意識を向けます。

さらにレベルアップして、時間差が生じる中でも相手と同じ手の内（あいこ）を出せるかに挑戦します。

勝敗結果に関係なく楽しめるじゃんけんです。

ステップ4

あそびのポートフォリオ化

学習評価の手法に、「ポートフォリオ評価」というものがあります。記録や作品をファイリング等してポートフォリオとしてまとめ、評価する手法を指します。この手法のメリットは、学習の足跡が「見える化」されている点にあります。つまり、**過去から現在への過程を「見える足跡」として後に残していける**のです。

こうしたポートフォリオ評価を参考に、学習だけでなく、学級あそびにおいても「見える足跡」を残していくことが重要ではないでしょうか。なぜなら、あそびもこれまでの活動の積み重ねという過程を踏まえて行われるものだからです。

あそびの足跡も「見える化」すると、あそびの過程をいつでも思い出し、振り返ることができます。そうすれば、あそびを改善していく意欲や考え方を手に入れられます。「あそんで終わり」状態から脱け出すことができるのです。学級あそびの活動は確かな成長の過程となり、充実感のある思い出となります。

アレンジじゃんけんを学級の子どもたちと一緒に１００個創り上げることができたとき、私は大きな達成感を味わいました。しかし、ここで終わってしまっては「見える足跡」が残らないと考え、１００個のアレンジじゃんけんをまとめた手作りの下敷きを作りました。

ちょうど年度末の時期だったので、次の新しい学年で出会う新しい学級の仲間たちとも楽しくあそべるように、わかりやすく一覧にしてA４サイズ横一枚にまとめて一人ひとりにプレゼントしたのです（一覧は付録の１７６・１７７頁に掲載）。

その後、**選択じゃんけん**と題し、今まで考えたアレンジじゃんけんから、どのじゃんけんをするのかを選んで楽しむアレンジじゃんけんを考案し、実践しました。

１００個のアレンジじゃんけんという今までの積み重ねがあるからこそ、選択肢が広がり、充実した学級あそびとなりました。

このアレンジじゃんけんは、まさにオンリーワンなアレンジじゃんけんと呼べるでしょう。なぜなら、選択肢となる１００個のアレンジじゃんけんは、**当時の私や担任したの子どもたちならではの個性が伴ったオンリーワンなあそびの集合体**だからです。

実際、どのアレンジじゃんけんをしようか子どもたちが迷う姿を何度も見かけました。

どのアレンジじゃんけんにも特別な思い出があるからこその迷いです。

「見える足跡」を増やすことで、さらに「見える足跡」が増えていきます。先ほどの下敷きをプレゼントした子どもたちとは、翌年ももち上がりで担任することになりました。すると、下敷きを見ながら、さらに新しいアレンジじゃんけんを考案する子が現れたのです。今までの足跡が見えていたからこそ、新たな足跡を残しやすくなっていたのです。

次年度からは、年度末だけでなく、日頃からあそびを「見える化」しておくことが重要だと考え、印刷したプレイシートを教室に常備しました。今日のあそびはどうだったかを口で言うだけでなく、文字にして書き残せる環境にしたのです。

その結果、休み時間中においても、お互いのプレイシートを見せ合いながら、一緒にあそんだ仲間たちともっと楽しめるあそびは創れないかを話し合うようになりました。

【選択じゃんけん】のやり方

これまで実践してきたアレンジじゃんけんを一覧にして、参加者一人ひとりに渡します。

対戦相手と相談しながら、どのアレンジじゃんけんをあそんで楽しむかを決定します。

一つのアレンジじゃんけんができたら、また別のアレンジじゃんけんにも挑戦します。

アレンジじゃんけんだけでなく、試してみてクラスに合った学級あそびは一覧にして、同じように「選んであそぶ」時間を創ります。

ステップ4

生徒指導は「予防」に力を入れる

令和4年12月に生徒指導提要が12年ぶりの改訂をしました。ここでは、生徒指導を2軸3類4層構造として捉えています（135頁図）。その中で、「予防」という言葉は実に100か所以上に載っています。

特に、常態的・先行的（プロアクティブ）生徒指導の軸における課題予防的生徒指導の類、第1層～第3層において、学級あそびは大きな役割を果たすことがわかります。日常の生徒指導を基盤とする発達支持的生徒指導として、すべての児童の発達を支える実態に合わせたあそびを日常的に行うことが大切です。また、課題予防的生徒指導として、子どもたちが学級あそびの中でどんな様子でいるのかを観察することで、課題の未然防止教育や課題の前兆行動が見られる一部の児童を対象とした課題の早期発見や対応へとつながっていきます。つまり、**生徒指導は「予防」にこそ力を入れるべき**なのです。

生徒指導の集団指導と個別指導に関連して、学習指導要領の第1章「総則」（小学校・中学校は第4、高等学校は第5款）で新設された「児童（生徒）の発達の支援」（以下、括弧内は、中学校と高等学校での表記）の「1　児童（生徒）の発達を支える指導の充実」の「（1）学級経営（高等学校はホームルーム経営）の充実」において、以下のようにガイダンスとカウンセリングの双方による支援の重要性が明記されました。

> 学習や生活の基盤として、教師と児童（生徒）との信頼関係及び児童（生徒）相互のよりよい人間関係を育てるため、日頃から学級経営の充実を図ること。また、主に集団の場面で必要な指導や援助を行うガイダンスと、個々の児童（生徒）の多様な実態を踏まえ、一人一人が抱える課題に個別に対応した指導を行うカウンセリングの双方により、児童（生徒）の発達を支援すること。

生徒指導上の課題としては、人間関係で多くの児童が悩みを抱えている実態が記されています。その際、場合によっては社会性の発達を支援するソーシャルスキルトレーニング等のプログラムなどを実施するよう推奨しています。しかし、もっと日常的に社会性の発達を支援するプログラムとして、恒常的な学級あそびの時間が求められていると考えます。

それは、学校生活への適応やよりよい人間関係形成のためのガイダンスの観点と、一人ひとりの生活や人間関係などに関する悩みや迷いなどを受け止め、児童生徒が自らの意志と責任で選択、決定することができるようにするための相談・助言等を個別に行うカウンセリングの観点の両輪において重要な役割を果たすと言えます。実際に私の学級では、学級あそびの実践に力を入れ始めてから、課題予防的生徒指導としての機能を多く果たしてきました。

保育の世界において、幼児はあそびの中で様々なことを学びます。あそびのルールを覚えたり、一緒にあそぶ人との関わり方やマナーを覚えたり、自分なりに新しいあそびを創造する創意工夫の仕方を覚えたりします。教育の世界のあそびにおいても同じではないでしょうか。学級あそびは担任があそびの監督をします。その際、学級の実態に合わせてあそびの内容を吟味し、計画的に実施することができるのです。また、気になる子を早期発見し、個別対応することもできます。そうした段階を踏んだ上で、担任の監督が外れた休み時間におけるあそびへと移行していきます。つまり、**学級あそびは休み時間中の適切なあそびを通して、人間関係を自分たちで形成していくためのスモールステップとなる**のです。このように学級あそびは、課題予防的生徒指導としても大きな役割を果たします。

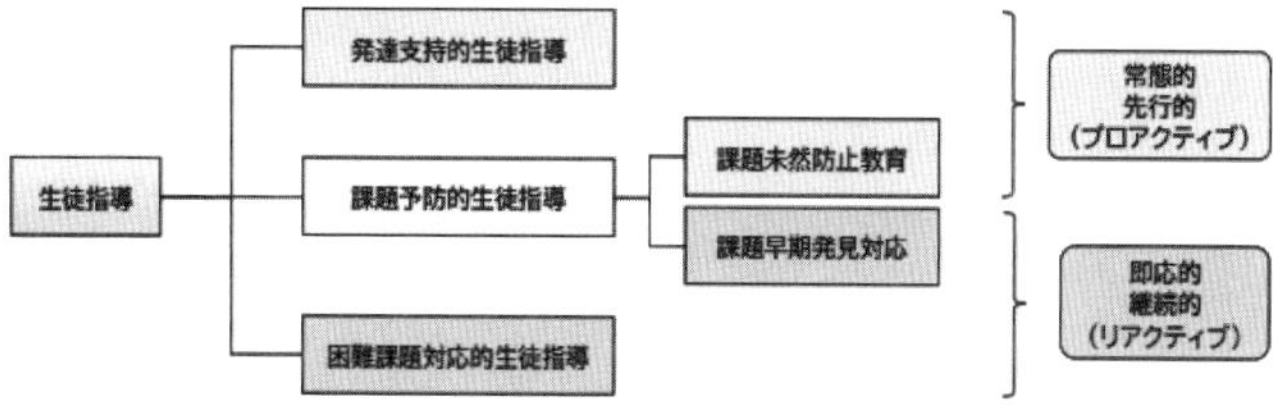

図１　生徒指導の分類

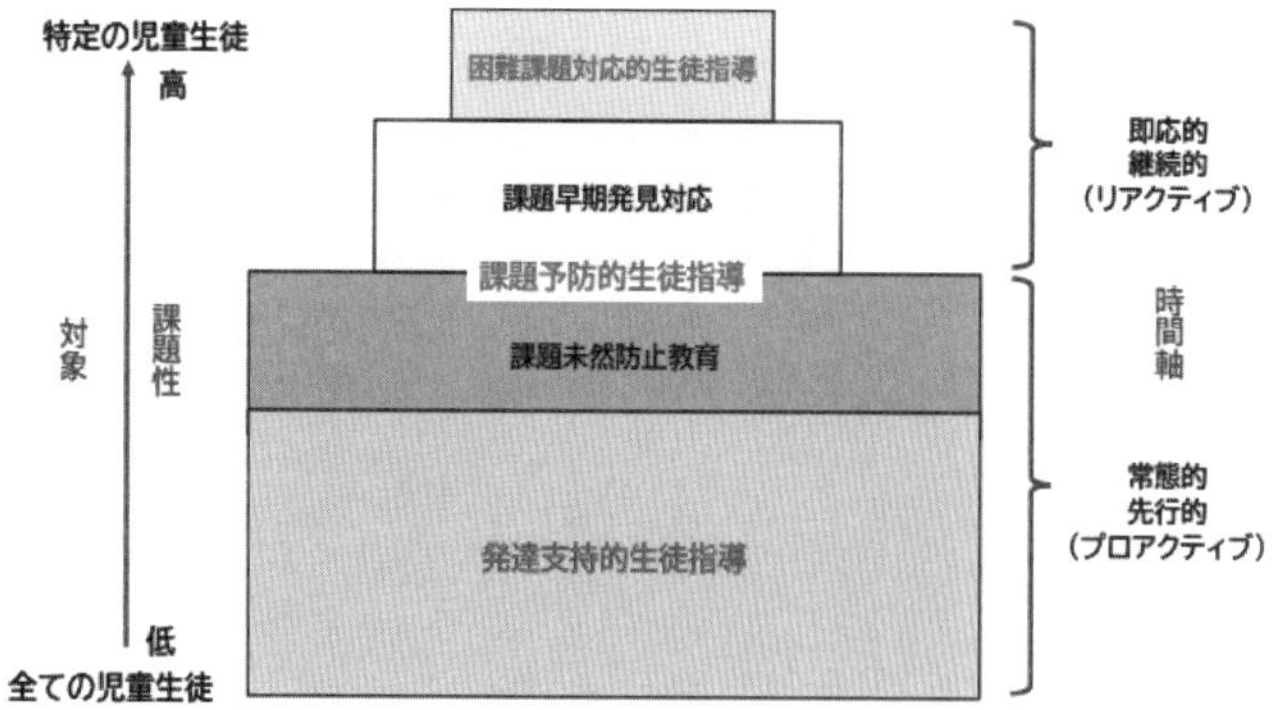

図２　生徒指導の重層的支援構造

出典『生徒指導提要』P.17，19

第4章
ハンドルを握り、進み続ける

ステップ5

AP（アクティブ・プレイング）で歩む

【継続性と変化】

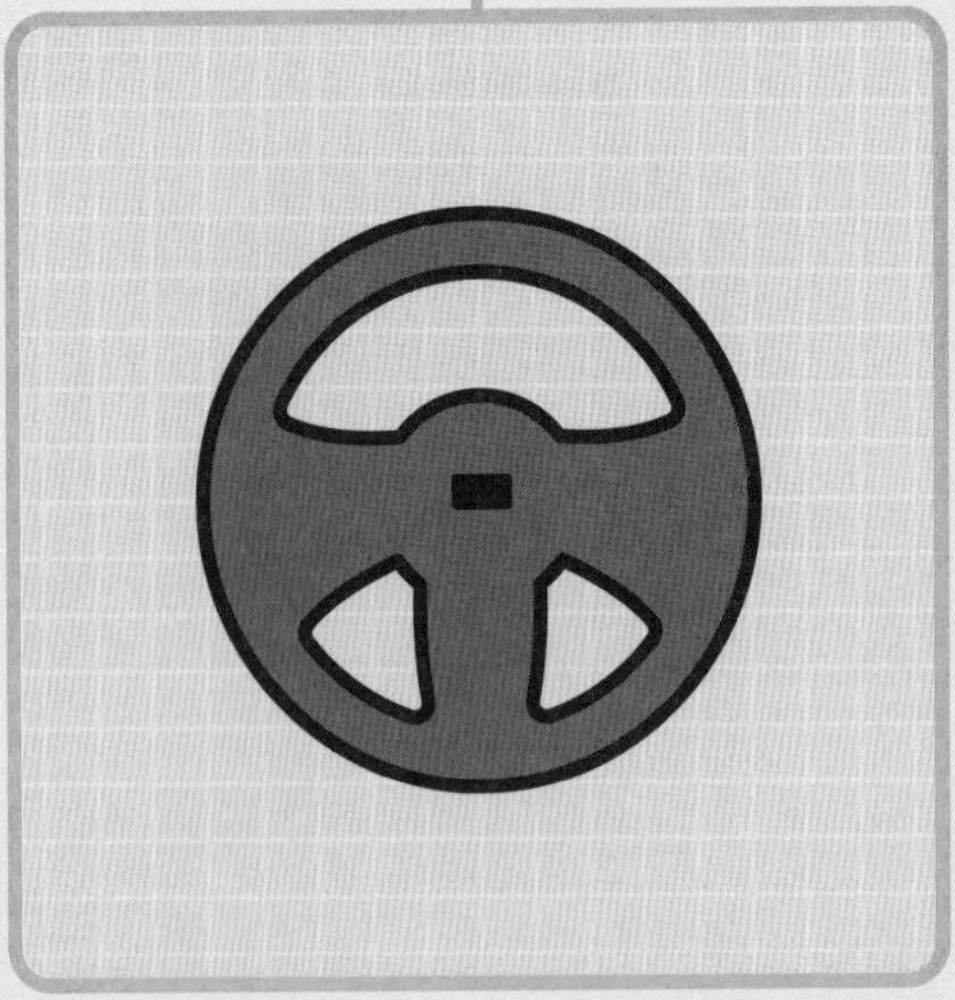

広い視野で学級あそびを位置付け直したら、いよいよハンドルを握って進み続ける段階へと移ります。本章では、特に第3章で位置付けた「あそびの中の学び」と「学びの中のあそび」の両面を意識して、学級あそびと授業との関係と私の学級での実践について整理したいと思います。

ハンドルは二つの方向へと舵を取ります。一つ目は、あそびの中に学びを見出していく「play to learn」の方向性です。二つ目は、学びの中にあそびを見出していく「learn to play」の方向性です。双方向からの学級あそび実践の積み重ねによって、アクティブ・ラーニング（AL）を支えるアクティブ・プレイング（AP）の実現へと進み続けます。

主体的にあそぶ態度を養い、主体的に学ぶ態度へとつなげていく。

そんなAPの実践を共に歩んでいきませんか？　目の前の子どもたちと一緒に少しずつ、そして唯一無二なとっておきの学級あそびを通して。

ステップ5

授業へとつながるAP

第3章で触れた「あそびの中の学び」と「学びの中のあそび」、どちらも意識することで、アクティブ・ラーニングにつながるAP（アクティブ・プレイング）ができると考えます。

左図をご覧ください。これから、次の二つのアプローチでAPとなる学級あそびとして実践してきたアレンジじゃんけんを紹介します。

（1）あそびを通して学習規律を学ぶ【play to learn（P to L）】
（2）学習内容を習得しながらあそぶ【learn to play（L to P）】

（1）のアプローチは、あそびの中に学びを見出していくAPと言えます。（2）のアプローチは、ゲーミフィケーションの考え方を授業に取り入れ、学びの中にあそびを見出していくAPと言えます。

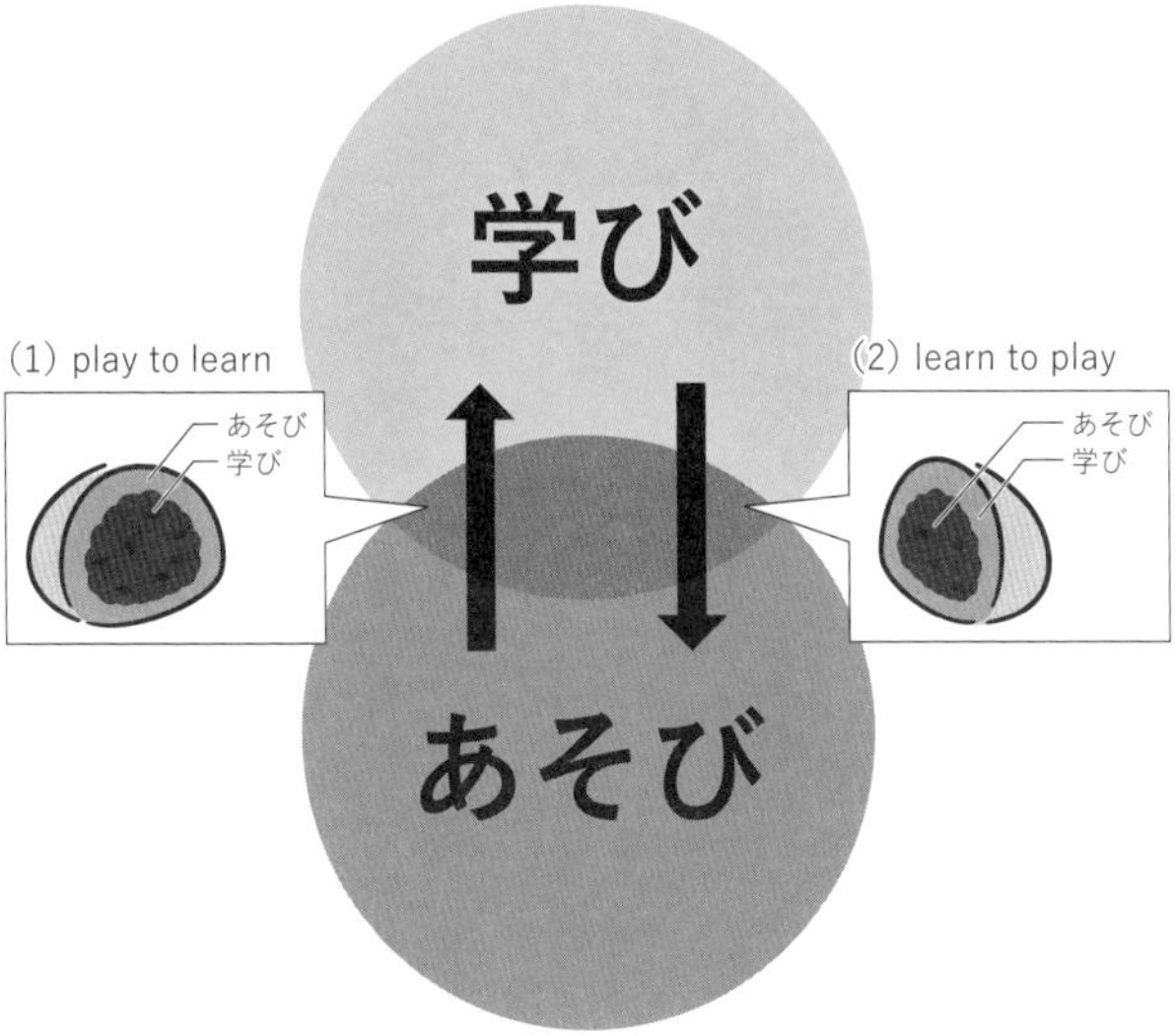

（1）と（2）では、学級の子どもたちと一緒に食べるおまんじゅうの種類が違うイメージです。（1）のAPまんじゅうは、あそびが皮となり、学びがあんこになっています。あそびを味わっているうちに学びも得られる感覚です。（2）のAPまんじゅうは、学びが皮となり、あそびがあんこになっています。学びを味わっているうちにあそびも得られる感覚です。

双方向からAPを実践することで、学習面からも生活面からも学びを主体的に得られる環境づくりができます。そこからアクティブ・ラーニングの土壌が育ち、主体的にあそぶ態度の育成が主体的に学ぶ態度の育成へとつながっていくのです。

アクティブ・プレイングと表現すると、何か素晴らしい学級あそびが紹介されるのではないかと読者の方も期待されるかもしれません。しかし、私がここで紹介するＡＰは、ただのアレンジじゃんけんです。紹介するアレンジじゃんけんの中身自体がＡＰの本質ではありません。そのアレンジじゃんけんを創り上げ、実践する過程に注目してください。

ＡＰを実現するためには、次の二つの「ＳＰ」を意識した学級あそびを積み重ねることから始めることが重要です。だからこそ、ＡＰの一例としてアレンジじゃんけんを紹介することに提案性があると考えます。

一つ目のＳＰ―スモールプレイング―

あそびのスモールステップとなる小さなあそびを指します。ルールが複雑なあそびにいきなり取り組むことは危険です。ルールが簡単な小さなあそびだからこそ、わかりやすさが生まれ、安心感をもって参加できます。また、小さなあそびだからこそ、様々な事象と関連をもたせることができ、授業にも取り入れやすい活動となります。アレンジじゃんけんはその両面のよさを兼ね備えた「スモールプレイング」だと言えます。

二つ目のＳＰ―スペシャルプレイング―

いいあそびではなく、とっておきのあそびを目指す、本書で一貫して主張しているメッセージこそ、ＡＰ実現のために重要な視点となります。なぜなら、主体的にあそぶ態度の育成は、「自分たちだからこそ実現できた唯一無二の学級あそび」という意識をもって活動に参加できたかどうかがカギだからです。つまり、その活動に確かな責任をもっている状態です。したがって、ベストプレイング（いいあそび）をする必要はなく、そのあそびにオンリーワンな特別感をもつスペシャルプレイング（とっておきのあそび）であるべきなのです。私の学級の場合は、アレンジじゃんけんが特別なあそびとなりました。

これから紹介するアレンジじゃんけんと出合いながら、あなたの学級だからこそできる、二つのＳＰを意識したＡＰの実現にぜひ挑戦してみてください。それは決してアレンジじゃんけんである必要はありません。あそびの世界は無限に広がっています。ＡＰにぴったりなあそびをあなたが目の前にしている子どもたちと一緒に考え、生み出していきましょう。

ステップ5

P to Lなアレンジじゃんけんで学習規律や時間感覚を学ぶ

学習規律と聞いて、みなさんは何を思い浮かべますか？

聴く姿勢・話す姿勢・発言の仕方・挙手の仕方など、一言で学習規律と言ってもその内容は多種多様です。それら一つひとつを事細かく言って聞かせる指導は、意外と子どもたちには浸透しません。そこで、「あそびの中の学び」を意識し、アレンジじゃんけん等の学級あそびを楽しんでいるうちに自然と身に付くような時間を創ってみてはいかがでしょうか。

指名練習じゃんけんは、一人の子がお題を発表した後、代表でじゃんけんをします。その子とじゃんけんに勝った子たちは起立し、その中から次の代表者を指名します。一度指名された人はじゃんけんに勝っても起立できないルールの上でこれを繰り返していくと、全員が指名されることになります。それまでのタイムを計るとさらに盛り上がります。

聴く姿勢じゃんけんは、聴く姿勢が全員できていないとじゃんけんできないというルールを付け加えます。子どもたちはみんな楽しいことがしたいので、じゃんけんをしたくて姿勢を整えます。代表者の子は一番聴く姿勢が良かった子を指名し、次のじゃんけん代表者として選びます。段々と、指名された人は何かテーマを決めて話すようにします。スピーチの練習や発言に対する反応の仕方の練習にもなります。

一方、時間感覚を育てることも、学校生活を円滑に送る上で重要です。しかし、ただ時間を守りなさいと言ってもその感覚は身に付きません。感覚とは、体験を通して身に付けるものです。そこで取り入れたアレンジじゃんけんが、**○分間じゃんけん**、**○時○分じゃんけん**です。

まずは、時計やタイマーを見て時間の流れを意識します。段々と見なくても時間を意識してじゃんけんができるようになってくると、じゃんけんをしていないときでも時間や時計を意識するようになります。子どもたちが持っているタブレットの中には時計アプリもタイマーアプリもありますから、手軽にできるあそびです。

いつもの生活指導にこうしたアレンジじゃんけんを学級あそびとして組み込むことで、楽しく学びながら規律を整えていくことができます。

【指名練習じゃんけん】のやり方

指名した一人の子がお題を発表します。

お題を発表した子が代表で他の子全員とじゃんけんをします。

その子とじゃんけんに勝った子たちは起立し、その中から次の代表者を指名します。

一度指名された人はじゃんけんに勝っても起立できません。

全員が指名されるまでじゃんけんを繰り返します。

全員が指名されるまでのタイムを計ります。少しでもタイムが速くなるようにクラス全員で相互指名の練習をします。

【聴く姿勢じゃんけん】のやり方

代表者が１人前に立ちます。

聴く姿勢が全員できていると確認できたら、じゃんけんをします。

姿勢が崩れている子は、代表者の子に見つかった時点で負けです。「じゃんけんをします！」「はいっ！」というやり取りの後、代表者の子と他の子全員でじゃんけんをします。

じゃんけんをした後、代表者の子は一番聴く姿勢が良かった子を指名し、次のじゃんけん代表者として選びます。

慣れてきたらやり取りだけでなく、話を聴くコーナーを設けます。

【○分間じゃんけん】のやり方

じゃんけんをする時間制限をあらかじめ設定します。

設定された時間制限の中での達成目標を決めて以下のように様々なバリエーションでじゃんけんを楽しみます。
・○分間で10回勝ちましょう
・○分間で５回あいこになりましょう
・○分間で負けは３回以内で終わりましょう
慣れてきたら、時間制限や達成目標を子どもたち自身で決められるようにして繰り返しあそびます。

【○時○分じゃんけん】のやり方

アナログ時計でもデジタル時計でもいいので、時計を見ながら行うアレンジじゃんけんです。

あらかじめ○時○分になったら近くの子とじゃんけんすると決めておきます。

決められた時刻になるまで、いつも通り過ごします。

決められた時刻になったら一斉にみんなでじゃんけんをします。

じゃんけんをする時刻を複数決めたり、秒単位で決めたりするとさらに盛り上がります。

ステップ5

P to Lなアレンジじゃんけんで人間関係を構築する

良好な人間関係は、良好な関わりから構築されていきます。そこで、良好な関わりを生み出すような学級あそびを考えてみましょう。

ここで言う「良好な」人間関係や関わりというのは、学級の子どもたちの実態に合わせて定義づけが変わることを先にご承知おきください。優しい人間関係を構築したいのなら、優しく関わるあそび場を提供しますし、元気いっぱいに力を出す人間関係を構築したいのなら、元気いっぱいに力を出して関わるあそび場を提供します。

あくまでも、あなたの学級ならではのとっておきのあそびへとつながるように、148頁に紹介するアレンジじゃんけんをヒントにしてみてください。

他己紹介じゃんけんは、自分以外の人の紹介をじゃんけんの対戦相手に行うというものです。対戦相手のことを紹介してもよいですし、クラスの仲間たちから一人取り上げて紹介するのもよいでしょう。前者はペアを組んだ相手のことを深く理解することができますし、後者はまだよく知らないクラスメイトの人物像を知るきっかけとなります。

こうして深めたクラスの仲間についての理解が、次に紹介する「ほめほめじゃんけん」等のようなより関わりのある学級あそびの実践へとつながっていきます。

ほめほめじゃんけんは、ペアになった子同士で褒め合うというシンプルですが優しい関わりを生み出すアレンジじゃんけんです。じゃんけんに勝った人から褒め、褒められた人は褒めてもらった人を褒め返します。1回のやり取りで終わらず、さらに褒めることがないか探し、ペアを組んだ相手と褒め合いのキャッチボールを長く続けられるかに意識を向けられるようにしています。

たくさん褒めることができるようになるためには、その相手のことをよく理解していなければなりません。自然と相手意識が育ち、相手を深く理解することにつながります。それがクラス全体の仲間意識へとつながっていくのです。

〇人組あいこじゃんけんや**マイノリティーじゃんけん**は、元々学級でよく行っていたあそびをもとにして新しく子どもたちと一緒に考えて創ったアレンジじゃんけんです。これまで構築してきた人間関係があれば、こうした複雑な関わりも学級あそびを通して楽しむことができるようになります。

【他己紹介じゃんけん】のやり方

他己紹介とは、自分以外の人の紹介をする行為を指します。ペアでじゃんけんをし、勝った人は負けた人の他己紹介をします。終わったら交代し、負けた人は勝った人の他己紹介をします。

慣れてきたら対戦相手だけでなく、クラスの仲間たちから１人取り上げて他己紹介することにも挑戦します。

ペアだけでなく、対戦相手の人数を増やし、他己紹介の人数を増やしてあそんでも盛り上がります。

何人の他己紹介ができるかを競うのもよいでしょう。

【ほめほめじゃんけん】のやり方

ペアになった子とじゃんけんをします。

じゃんけんに勝った人から褒め、褒められた人は褒めてもらった人を褒め返します。

１回のやり取りで終わらず、さらに褒めることがないか探し、ペアを組んだ相手と褒め合いのキャッチボールをできるだけ長く続けます。

相手を褒め続けられた方が勝ち。次のペアを探しに行きます。

普段の関わりが少ない相手ほど難易度が高くなります。

【○人組あいこじゃんけん】のやり方

ペアでのじゃんけんから始めます。

相手とあいこになったら、今度は３人組を作ってじゃんけんします。

あいこになったら、今度は４人組を作ります。

あいこになる度にじゃんけんの参加者を１人ずつ増やし、時間制限内にどれだけの人数とじゃんけんをできたかを競います。

あいこになる確率は意外と多いので、簡単に参加人数を増やしていくことができ、誰でも達成感を味わえます。

【マイノリティーじゃんけん】のやり方

３人組でのじゃんけんから始めます。

出された手の内をすべて見て、マイノリティーな手の内を出している人が勝ちです。例えば、グー・グー・チョキとなったら、チョキを出している人が勝ちです。

段々と人数を増やしていくと、マイノリティーの手の内を出すのが難しくなっていきます。

誰がどんな手の内を出すのかをよく観察し、全体の傾向をつかんでマイノリティーな手の内を予想します。

ステップ5

L to Pなアレンジじゃんけんで国際理解を学ぶ

私が教員として勤務する市では、外国籍の子どもも多く住んでいます。中国やフィリピン、ブラジル等です。こうした状況を生かし、国際教育に力を入れている学校もあります。その場合、総合的な学習の時間などを活用し、単元を組んで学習していくケースがほとんどです。しかし、もっと気軽に国際理解を学ぶ場があってもよいのではないでしょうか。実はここでもじゃんけんのよさが生かせます。

世界のじゃんけんについて調べてみると、多くの国でじゃんけんというあそびは行われていることがわかります。世界共通のあそびとも言えるでしょう。したがって、**じゃんけんの言語を変えるだけで、国際理解のきっかけづくり**になると考えられます。

私の学級では、外国語活動の授業で行われていた「英語じゃんけん」だけでなく、**中国語じゃんけん**にも挑戦してみたことがあります。その理由は様々です。担任していた学級に中国籍の子どもがいたから取り入れたこともあれば、歴史の授業で中国の文化について学んでいるときに取り入れたこともあります。

後者のようなあそびの取り入れ方をすると、授業とのつながりを意識した国際理解を深められそうです。このように学級の実態や授業のねらいに合わせ、どのアレンジじゃんけんを行うか選択することが大切です。


さらに発展させて、何語のじゃんけんをするか子どもたち自身に選択権を委ねるアレンジじゃんけんもおもしろいでしょう。**何語じゃんけん**は、じゃんけんに勝った人が言語を指定し、その言語でさらにじゃんけんをします。じゃんけんを繰り返していくうちに様々な言語を知ることができます。

国際理解を深める授業にこうしたアレンジじゃんけんを取り入れることで、日本語が苦手でコミュニケーションが取りづらい外国籍の子どもとも、じゃんけんをきっかけに良好な関わりができるようになります。

そうして構築された良好な人間関係が、またさらに国際理解を深め、コミュニケーション能力の向上にもつながるのです。「世界のじゃんけん一覧」の一例については、次頁を参考にしてみてください。

【中国語じゃんけん】のやり方

グーは「石ころ」を意味する「シトウ」
チョキは「はさみ」を意味する「ジェンダオ」
パーは「紙」を意味する「プー」
とそれぞれ中国語で発音してじゃんけんをします。
「最初はグー」にあたる掛け声として、「ジェンダオ・シトウ・プー」と言ってからじゃんけんをします。
あいこのときにも「あいこでしょ」ではなく、掛け声を唱え直します。

【何語じゃんけん】のやり方

153頁のような「世界のじゃんけん一覧」を手元に置いた状態でじゃんけんをします。または、複数の国のじゃんけんを覚えた上で行います。

まずは普通にじゃんけんをします。じゃんけんに勝った人は、次に何語でじゃんけんをするか一覧から選択し、その言語でのじゃんけんを楽しみます。そこで勝った人がさらに、次のじゃんけんの言語を選択します。同じ言語でじゃんけんしてもよいです。

繰り返しながら、様々な言語に触れてじゃんけんを楽しむことができます。対戦相手が知らない場合は、教えてあげましょう。

「世界のじゃんけん一覧」の一例

▶英語圏のじゃんけん
グーは石（ロック）、チョキははさみ（シーザース）、パーは紙（ペーパー）で勝負します。掛け声は「ロック・シーザーズ・ペーパー、ワンツースリー」。

▶中国圏のじゃんけん
グーは石ころ（シトウ）、チョキははさみ（ジェンダオ）、パーは紙（プー）で勝負します。掛け声は「ジェンダオ・シトウ・プー」。

▶インドネシアのじゃんけん
親指が象（ガジャ）、人差し指が人（オラン）、小指がアリ（スムット）で勝負します。掛け声は「スィー」。

▶ベトナムのじゃんけん
かなづち（ブア）、はさみ（ケオ）、袋（バオ）で勝負します。
手の形はグーチョキパーと同じ。あいこは「フエ」と言います。

▶スペインのじゃんけん
グーは石（ピエドラ）、チョキははさみ（ティヘラ）、パーは紙（パペル）で勝負します。掛け声は「ピエドラ・パペル・ティヘラ」。

ステップ5

L to Pなアレンジじゃんけんで計算練習をする

じゃんけんは、手の内が三つと限られています。しかし、三つからしか選べないのは、なんだかもったいないと思いませんか。

私の学級では、六つの手の内を考え、アレンジじゃんけんを創ろうとした子がいました。確かに三つよりも六つの手の内から選んでじゃんけんをした方がおもしろそうです。そして、11の手の内ならさらにおもしろくなるのではないでしょうか。

指で数字を提示することで、両手で0～10まで数えることができ、手の内は11通りにもなります。そんな11通りの手の内を使い、様々な計算練習を授業の中で楽しくあそびながら行うことができます（156・157頁に紹介）。

計算には四則演算というレパートリーがあります。たし算、ひき算、かけ算、わり算の四則演算を組み合わせて様々な計算結果を楽しめます。計算とは、そもそも計算される側と計算する側の数字がそれぞれわかれれば答えが出るという仕組みです。たされる数とたす数がわかれば和が出る。ひかれる数とひく数がわかれば差が出る。かけられる数とかける数がわかれば積が出る。わられる数とわる数がわかれば商が出る。こうした性質は、じゃんけんにも通じます。自分が計算される側、相手を計算する側として組み合わせればよいのです。そこから導かれる式と答えの組み合わせパターンは、単純計算で11×11＝１２１通りにもなります。

さらにここから条件を付け加えると、より一層頭を使いながら計算練習のためのアレンジじゃんけんを楽しむことができます。例えば、「和が10になるように」「差が０になるように」「積が偶数になるように」「商がわり切れるように」等の条件です。対戦相手と勝敗を競うのではなく、計算結果というゴールを明確にし、共有するのです。こうすることで、じゃんけんの対戦相手は、共に同じゴールに向かって計算練習を重ねる仲間となります。

私の学級では、算数の授業におけるゲーミフィケーションとして、こうした計算練習のためのアレンジじゃんけんを組み込み、「学びの中のあそび」を生み出しています。「じゃんけんのおかげでスラスラと九九が言えるようになった」と振り返りに書く子もいました。

【たし算じゃんけん】のやり方

片手でじゃんけんする際は０～５まで出せます。

両手でじゃんけんする際は０～10まで出すことができます。

自分が出した数字も含めて、参加者全員の数字をすべてたし算して出た答えを一番先に言えた人が勝ちです。

参加人数が増えるほど、たし算する回数が増えるので難易度が高くなっていきます。

計算間違いをしていたら次に正確な答えを言えた人が勝ちです。

【ひき算じゃんけん】のやり方

答えがマイナスになってもよければじゃんけんの仕方はたし算のときと同じです。子どもたちが慣れていない場合は、答えがマイナスにならないように注意します。

ペアでじゃんけんをし、対戦相手と自分の手の内を比べ、大きな数から小さな数をひきます。これなら答えはマイナスになりません。先に答えを言えた人が勝ちです。

３人以上でじゃんけんをする場合は、条件を付け加えます。例えば、１人だけ両手（６～10まで）を出すようにしたり、１人だけひかれる数で残りの人はひく数としたりします。

【かけ算じゃんけん】のやり方

九九をまだ習い始めの子の場合は片手（5の段まで）か両手（9の段まで）かを使い分けて行うことで積を調整できます。

また、答えが0になる場合や10の段の場合も含めるかどうかも事前に対戦相手とルール設定した上で行います。

自分が出した数字も含めて、参加者全員の数字をすべてかけ算して出た答えを一番先に言えた人が勝ちです。

参加人数が多いほどたし算以上に答えが大きくなるので、難易度の幅は大きくなります。

【わり算じゃんけん】のやり方

四則演算じゃんけんの中で最も難易度の高いじゃんけんです。

ペアのどちらかが勝ちではなく、対戦相手と出した数を使って割り切れたら大成功という目標でじゃんけんをすると盛り上がります。

偶数に対しては2を出せば必ず割り切ることができます。

しかし、こうした計算の性質はあそぶ前に教えるのではなく、あそびの中で学んで見つけていけるようにします。

あえて余りのある商も楽しみ、参加者グループの中で一番先に答えられた人が勝ちにしても盛り上がります。

第5章
自動運転に切り替え、自走する

ステップ6

自律的にあそぶ【自律と創造】

『楽求あそび』の車を走らせ続けてきたみなさん、そろそろハンドルを手放してもよい時期に差し掛かっているのかもしれません。たまにハンドルを握って軌道修正するのは子どもに任せ、自動運転に切り替えてしまいましょう。

自律的なあそびが実現してきたと感じる場面は、次の三つの「超える」が生まれた瞬間であると考えます。

（1）**学級を超える**：他のクラスや学年全体で自律的にあそべるようになる
（2）**学年を超える**：他の学年の子どもたちと一緒に自律的にあそべるようになる
（3）**教師を超える**：子どもたち主導で企画・進行・振り返りが行われ、指定の時間や場だけでなく、日常生活においても自律的にあそべるようになる

これらの「超える」が子どもたちの様子から実感できるようになってくると、『楽求あそび』の車はどんどんと自走します。その先のドライブも一緒に楽しみましょう。

ステップ6

お楽しみ会の内容が変わってきた

じゃんけん一つでこれだけのアレンジができることを知った子どもたちは、「他のあそびもアレンジできるのでは？」と試行錯誤するようになりました。試行錯誤の場は休み時間中にとどまらず、学級のお楽しみ会にも及びました。

私の学級では、お楽しみ会と言えばいつも外あそびが人気でした。雨や時間割の関係で室内あそびになると、数人から不満が出ていた状況でした。

そこで、アレンジじゃんけんと同じ考え方や方法で、子どもたちと一緒にあそびの内容を考えるようにしました。すると、たとえそれが室内あそびであっても不満が出なくなりました。それは、子どもたちの中で**「あそびの内容が何か」よりも、「どのようにあそぶか」「何のためにあそぶか」に重きが置かれるようになった**からです。

「来週のお楽しみ会は、ドッジボールに決まりました」と、お楽しみ会係の子がクラス全体へ周知したとします。でも、そのまま来週を迎えることはしません。なぜなら、「あそびの内容が何か」しか決まっていないからです。

さらに、ケースバイケースに対応できるかも怪しいです。特に雨天時にはどうするかはあらかじめ考えておくべきです。その上で、「どのようにあそぶか」や「何のためにあそぶか」を計画、確認する時間を必ず創るようにしています。例えばドッジボールなら、次のようなことをじっくりと子どもたちと一緒に考えます。

ケースバイケースに対応できるか

・晴天時と雨天時のあそび　・運動場や体育館が使えなかったときのあそび

どのようにあそぶか

・ボールはいくつ使うか　・コートはどのくらいの大きさか　・チーム分けはどうするか

何のためにあそぶか

・フルバリューコントラクトの確認　・プレイシートによる短期目標の設定

特に「何のためにあそぶか」をじっくりと確認し、目標を立てておくと、たとえ雨の日に体育館が使えない状況に出合ったとしても代わりのあそびを楽しめるようになります。

お楽しみ会はよく、「がんばったご褒美」として実施される傾向があります。しかし、本来ならばお楽しみ会をご褒美にするのではなく、その**活動自体を成功体験にするべき**ではないでしょうか。つまり、外発的動機づけから内発的動機づけへの転換です。

ある日、お楽しみ会係の子たちがハンカチ落としをアレンジしたあそびを企画しました。その名も、**ぬいぐるみ落とし**です。私の学級では、教室に学級のマスコットキャラクターのぬいぐるみが置いてあります。そのマスコットキャラクターを使ってあそぼうという意見から考案されました。さらに、室内で走っては危ないからと、走らず早歩きでぬいぐるみを置いた人を追いかけるというルールが設定されました。

正直な話、早歩きで相手に追いつくのは至難の業です。しかし、鬼になるかどうかではなく、全員がマスコットキャラクターに触れられるかどうかに自然とみんなで集中して楽しむ姿がありました。

教室には優しい雰囲気が漂っていました。担任の私は改めて、「あそびの内容が何か」は重要ではないと子どもたちから教えてもらいました。

【ぬいぐるみ落とし】のやり方

「ハンカチ落とし」のハンカチをぬいぐるみに替えてあそびます。

教室の床に輪になって中央を向いて座ります。

外周をまわりながら、誰か一人の後ろにそっとぬいぐるみを置きます。置いたらその人が座っていたところまで早歩きで外周をまわります。ぬいぐるみを置かれた子は、気付いたらぬいぐるみを持って、置いていった子を追いかけます。けがをしないように、走らず早歩きで追いかけます。追いつくのが目的ではなく、追いかける過程を楽しむのが目的です。

なるべくクラス全員の子がぬいぐるみを持てるように、まだ置かれていない子を優先して置くようにみんなで声を掛け合います。

ぬいぐるみを学級のマスコットキャラクターにしておくと、愛着が湧き、持っただけでうれしくなります。

ステップ6

学級あそびの変化が学年あそびの変化に

学級あそびを自分たちで創る楽しさを知った子どもたちは、学年あそびにおいても自分たちで楽しめるようになっていきました。

当時は、各クラスの学級委員が集まって話し合い、学年あそびの内容を決定していました。ここでも「あそびの内容が何か」ではなく、「どのようにあそぶか」や「何のためにあそぶか」に重点を置いて話し合おうと学級委員たちに促しました。話し合いを重ね、選ばれた学年あそびは**じゃんけん大会**でした。

それまでの学年あそびと言えば、「クラス対抗ドッジボール大会」が定番でした。しかし、学級委員の子たちからは、次のような意見が出ました。

問題1　ドッジボールだとボールが当たったり転んだりしたときにけがをする危険がある。
問題2　活躍する子が偏ってしまう。偏らないようにボールを回していると、時間がない。

問題３　ドッジボールが苦手な子が楽しめずに終わってしまいそう。

こうした意見は、「どのようにあそぶか」や「何のためにあそぶか」を考えたからこそ出てきた意見であると言えます。「じゃんけん大会」はドッジボール大会と比べ、こうした問題を解決するあそびであると提案され、次のようにまとまりました。

問題１の解決策　じゃんけん大会なら、その場で立つだけなのでけがをする危険はない。
問題２の解決策　全員参加型にすることで活躍する子が偏らないで時間いっぱい楽しめる。
問題３の解決策　ドッジボールが苦手な子よりも、じゃんけんが苦手な子は少ない。たとえ苦手な子がいたとしても、チーム戦にしたら仲間に助けてもらえる。

直面するであろう問題に対し、具体的な解決策を考えられた学級委員の子どもたちは、当日も堂々と学年の仲間たちの前に立ち、司会・進行をすることができました。「じゃんけん大会」は、体育館に集まった**１００人以上の学年の仲間たちと盛り上がるとっておきの学年あそびとなった**のです。

このように学級あそびの変化は、学年あそびの変化にもつながります。

学級のチームとしての成長は、学年のチームとしての成長につなげるべきです。他のクラスとの垣根は積極的に取り除いていきましょう。そして、担任が思っている以上に子どもたちは学年の仲間たちのことをよく知っています。

なぜなら、学級のメンバーは毎年変わっても、学年のメンバーはほとんど変わらずに進級するからです。「○組のあの子は△△が得意で……」や「○組のあの子と○組のあの子がいるならこんなあそびが盛り上がるかもしれない」といった意見が学級委員の子どもたちから出てきたときには驚きました。それほどお互いによく知っているという前提を生かさない手はありません。

クラスの垣根を越えて考え出された学年あそびは、学年の子どもたちがチーム一丸となって楽しめるとっておきのあそびになるはずです。

このように、学級あそびの活動を通して上手くいったことは、学年あそびへと生かされます。逆に、学年あそびの活動を通して上手くいったことが学級あそびへと生かされることもあります。そうした「**学級あそびと学年あそびの往還」が、異学年交流の場である学校あそびの充実にもつながる**のです。

【じゃんけん大会】のやり方

学年全体でじゃんけん大会をします。

まずは学級の代表者であるクラスリーダーを決める大会をします。

クラスを４チームに分けます。40人学級なら１チーム10人ほどになります。10人でじゃんけんの仕方を相談しながら、最後まで勝ち続けたチームリーダーを１人決定します。決定した４人のチームリーダー同士でじゃんけんをし、クラスリーダーを１人決定します。

各学級でクラスリーダーが決定したら、次に学年のチャンピオンを決める大会に移ります。

３クラスなら３人のクラスリーダーでじゃんけんをします。

同じクラスのリーダーをみんなで応援します。

勝ったらみんなでバンザイをして喜びます。

負けてもみんなで優しい声掛けをしてクラスリーダーを労います。

ステップ6

縦割り班活動（ユニット）と休み時間中の運動場はあそびの異学年交流

私の勤務校では、学校行事として縦割り班（ユニット）活動があります。学年を超えてあそぶ異学年交流の時間が年に数回設けられています。各ユニットで行うあそびの内容を企画するのは最高学年である6年生です。

ユニットのリーダーとして、1年生から6年生までいるメンバー全員が楽しめるあそびの内容を考えなければならないのです。もちろん、事前にユニット担当の先生からアドバイスを受けますが、もっと前段階の5年生までのうちに、あそびを創造する土壌ができていることが理想です。

ある日、ユニット担当の6年生の子がこんなことを言いました。

「先生、BGMをかけながらじゃんけんをしてみたいです。いす取りゲームみたいに曲が止まったらその場でじゃんけんする**BGMじゃんけん**です。勝った人が次に流す曲をここ（タブレット）から選べるようにします。そんなアレンジじゃんけんをやってみたいです」

【BGMじゃんけん】のやり方

BGMが流れ出したら教室を歩き回り、対戦相手を探します。

BGMが止まったら近くの人とじゃんけんをします。

一段落したところでまたBGMをかけ、別の対戦相手を探しに行きます。なるべくまだじゃんけんをしていない子を見つけに行きます。

１曲目はペアで、２曲目は３人組で……というように参加人数に変化を付けてもよいでしょう。

また、１年生は６年生とじゃんけん等、対戦相手の学年を指定するのもよいでしょう。

BGMの内容は、ユニットメンバーが好きな曲を事前に調べておき、あらかじめセットリストを作って流すのもおもしろいです。

曲をストップする係も交代して楽しむのもよいでしょう。

この子が4年生だった頃に、私は担任としてアレンジじゃんけんを実践していました。当時は、どちらかと言うと主語がI（教師主導）になってしまっている未熟なアレンジじゃんけんばかりをしていましたが、4年生で受け取ったあそびの種をこの子は進級してからも大事に育て続け、6年生になって自ら花を咲かせるようになったのです。

ユニットメンバー全員で「BGMじゃんけん」を楽しんだ後、こんな提案もされました。

「先生、BGMの曲も1年生から6年生までそれぞれ好きな曲をアンケートで聞いて、それをミックスして流したらもっと楽しめるかもしれません」

あそんで終わりにせず、生産サイクルを回し続ける頼もしく成長した6年生の姿に感動しました。

日々の学校生活の中で丁寧なあそびを積み重ねていると、異学年交流におけるあそびでも、子どもたちはこのように自走することができるようになります。

実はユニット以外にも、意外な場所で異学年交流は自然と行われています。それが…

休み時間中の運動場です。

あそぶエリアは決まっているものの、１年生と４年生が一緒にドッジボールをしてあそんだという異学年交流の話は子どもたちからよく挙がってきます。こうしたあそびを自然にできる子ほど、６年生になってからもユニットリーダーとして、縦割り班活動の参加者全員が楽しめるあそびを自ら創造できる子へと育っていくはずです。

私は休み時間中に運動場を散歩しながら子どもたちが何をしてあそんでいるのかを観察するのが好きです。

子どもたちは学年によって、性別によって、それぞれ様々なあそびをしています。「名前のないあそび」をしていることもあります。その中で異学年の子どもたちとも抵抗感なく自然にあそべている子の姿を見つけると、将来ユニットリーダーになったときにどんなあそびを提案してくれるのか、とても楽しみになります。こうした子には必ず声を掛け、担任している子でなくても関わりをもつようにしています。

ステップ6

子どもたちの成長を信じ、抽象と具体を往還する

教育書は大きく分けて、次の五つに分かれます。

①レパートリー本（知識や引き出しの収集が目的）
②スキル本（増やした知識や引き出しを生かす技術を身に付けるのが目的）
③ハウツー本（身に付けた技術を使い、具体的な実践方法を学ぶのが目的）
④パラダイム本（方法論だけでなく、背景となる観や考え方を磨くのが目的）
⑤アカデミック本（さらに理論的背景を深掘りし、先行研究を学ぶのが目的）

この中で、みなさんがよく手にする教育書の分野はどれですか？

私はいつも、教育書を読むときにはこれら①～⑤が偏らないように本を選んでいます。
レパートリーばかり増やしてもいけないし、アカデミックばかり突き詰めてもいけないの

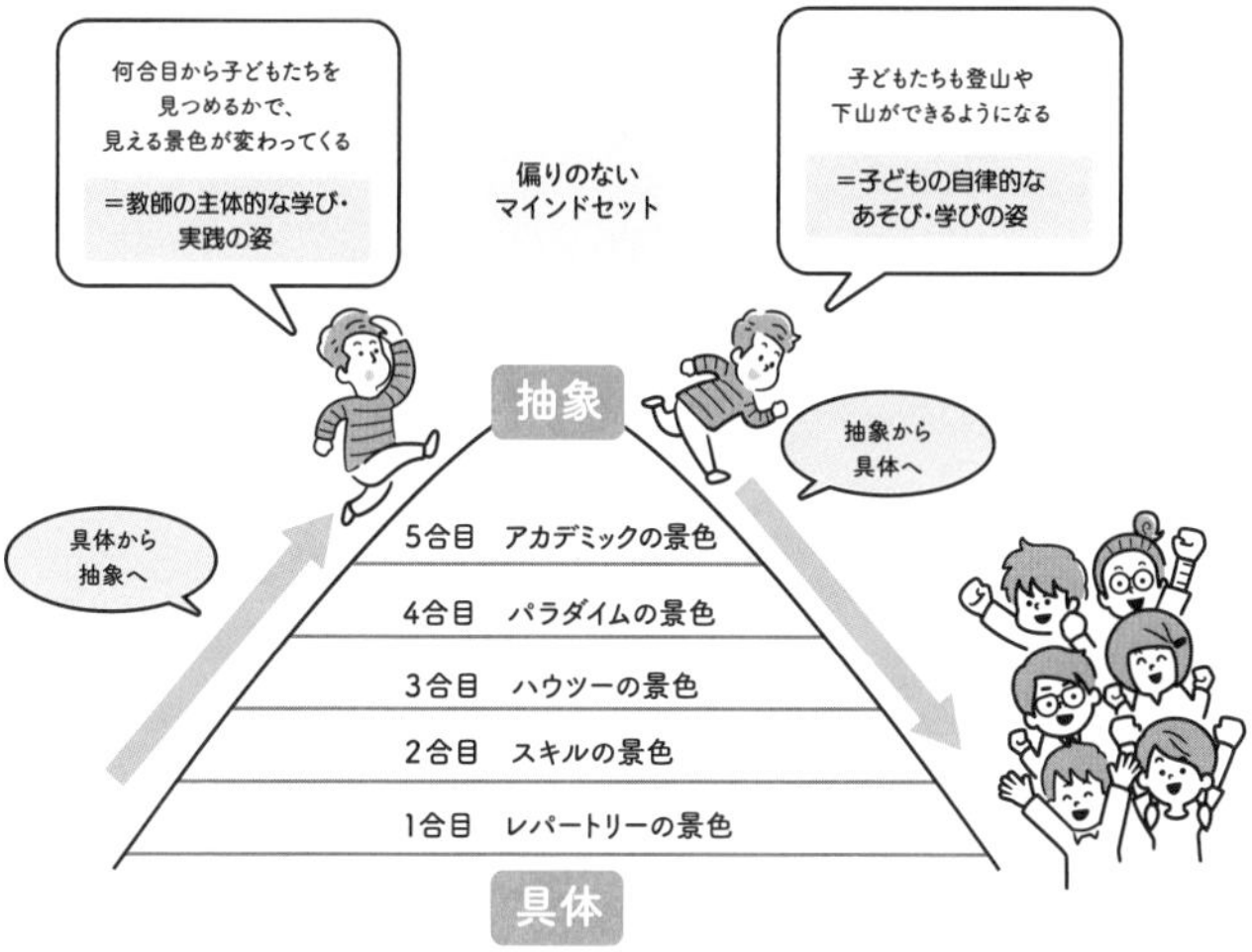

です。①~⑤は往還されて学びを得るものだと考えています。それはつまり、理論と実践、抽象と具体を往還するということです。登山にたとえて上に図解してみました。

教育書からの学びは、登山に似ています。学びの山を登るとき、あなたは何合目から景色を眺め、子どもたちを見つめますか。ずっと麓でもいけないし、ずっと頂上でもいけません。様々な景色を見ることで、偏りのないマインドセットができます。学びの山を登ったり下りたりする抽象と具体の往還が大切なのです。ゆくゆくは、子どもたちと一緒にそれができるのが理想です。

学級あそびの本と言うと、①のレパートリー本ばかりが目に入ります。だからこそ、②

～⑤の視点を子どもたちに教えることで、レパートリーを増やしながらあそびに対する考えを深め、具体的な実践へとつなげる力が子どもたち自身にも身に付いていくのではないでしょうか。教師だけでなく、子どもたちも抽象と具体を往還できるようにするのです。これこそがＷｅを主語にしてあそびを創造する姿として最終的に目指す理想形でしょう。

私は、家に置いてあった学級あそびのレパートリー本をすべて教室の学級文庫に置いてみたことがあります。これまで自分たちであそびを創造し、実践し、改善してきた子どもたちは、すぐさま反応を示しました。置いた初日は、レパートリー本を読みながら「これは使えそう」「これは無理そう」とお互いに呟き合っている姿が見られました。

翌日から、休み時間になると本を片手にいくつかのあそびを試しにあそぶ子たちが現れました。次第に本を手放し、さらにアレンジしてあそぶ子も現れました。子どもたち自ら追試実践をし、加工実践に移り、創造実践を実現していったのです。まさに自律的なあそびと言えるでしょう。こうした経験から、私は実感したのです。

もっと子どもたちを信じて、一緒に考えたらいい、と。

担任している子どもたちとは、一期一会の出会いです。もしかしたら、今出会っている子どもたちとでしか実現できない学級あそびもあるかもしれません。教室という空間は、オンリーワンなあそびが次々と生まれる可能性がある大きな宝箱なのです。

一方で、学級あそびの本は言ってしまえばいつでも会えるのです。目の前の一期一会の出会いを生かさずに、いつでも会える手軽な出合いから生み出された学級あそびに大きな効果が臨めるでしょうか。

一期一会だからこそ、一緒にあそぶ主語に含まれるからこそ、本だけに頼らず、**目の前の子どもたちと一緒に抽象と具体を往還しながら考えること**が大切なのです。その上で、学級あそびの本から学んだ知識や技術が生きてくるのです。

すべてはその子どもたちが教えてくれます。もっとあなたが目の前にしている学級の子どもたちの成長を信じてください。そして、一緒に考え続けてみてください。その先に必ず、「とっておきのあそび」があります。

51. トランプじゃんけん
52. 物じゃんけん
53. あみだくじじゃんけん
54. オンラインじゃんけん
55. フィールドじゃんけん
56. 隠しジャッジじゃんけん
57. ギョーザじゃんけん
58. かぶらないでじゃんけん
59. ひとりじゃんけん
60. チーム代表じゃんけん
61. 帽子じゃんけん
62. メダルじゃんけん
63. 汽車ぽっぽじゃんけん
64. ラインじゃんけん
65. 追いかけタッチじゃんけん
66. 回数券じゃんけん
67. 両手じゃんけん
68. どっち出すのじゃんけん
69. サイコロじゃんけん
70. 位置交代じゃんけん
71. 出会いじゃんけん
72. 態勢変化じゃんけん
73. 歌い終わりじゃんけん
74. ジャンプじゃんけん
75. なわとびじゃんけん
76. 体操じゃんけん
77. 書き出しじゃんけん
78. セリフ分割じゃんけん
79. 折り紙じゃんけん
80. たけのこニョッキじゃんけん
81. 全員比率じゃんけん
82. オンリーワンじゃんけん
83. けん玉じゃんけん
84. モノマネじゃんけん
85. ヒーローインタビューじゃんけん
86. 物当てじゃんけん
87. ランニングじゃんけん
88. 色塗りじゃんけん
89. 微笑みじゃんけん
90. 同じ手しゃがみじゃんけん
91. アイコンタクトじゃんけん
92. ジェスチャーじゃんけん
93. かいだんじゃんけん
94. 予想当てじゃんけん
95. 勝ち好き叫びじゃんけん
96. 手足同時じゃんけん
97. ペア相談じゃんけん
98. 席取りじゃんけん
99. 手話じゃんけん
100. あいこでありがとうじゃんけん

アレンジじゃんけん100の一覧

1．最初は○○じゃんけん
2．最初からじゃんけん
3．あべこべセリフじゃんけん
4．しりとりじゃんけん
5．くりかえしじゃんけん
6．足じゃんけん
7．顔じゃんけん
8．ポーズじゃんけん
9．練習本番じゃんけん
10. 第４の手の内じゃんけん
11. この人と勝ってじゃんけん
12. 英語でじゃんけん
13. 中国語でじゃんけん
14. たし算じゃんけん
15. ひき算じゃんけん
16. かけ算じゃんけん
17. わり算じゃんけん
18. 位取りじゃんけん
19. 奇数・偶数じゃんけん
20. 大小比べじゃんけん
21. サイレントじゃんけん
22. 部分サイレントじゃんけん
23. スローじゃんけん
24. 高速じゃんけん
25. 速度チェンジじゃんけん
26. 手拍子リズムじゃんけん
27. おもしろ音読じゃんけん
28. 勝ち早口言葉じゃんけん
29. 勝ちポーズじゃんけん
30. 勝ちダンスじゃんけん
31. ３回連続じゃんけん
32. 連続合計じゃんけん
33. スピードアップじゃんけん
34. スピードダウンじゃんけん
35. クレッシェンドじゃんけん
36. デクレッシェンドじゃんけん
37. 制限時間じゃんけん
38. タイムアタックじゃんけん
39. 何時何分じゃんけん
40. 暗闇じゃんけん
41. 目隠しじゃんけん
42. ダジャレじゃんけん
43. ポイントじゃんけん
44. 進化じゃんけん
45. BGM付きじゃんけん
46. 音楽ストップじゃんけん
47. ダウトじゃんけん
48. 遅出しじゃんけん
49. あいこタッチじゃんけん
50. 紙めくりじゃんけん

22. 遠ざかりじゃんけん 第3章 p.117
23. 鬼ごっこタッチじゃんけん 第3章 p.117
24. 物じゃんけん 第3章 p.117
25. オンラインじゃんけん 第3章 p.126
26. 選択じゃんけん 第3章 p.129
27. 指名練習じゃんけん 第4章 p.142
28. 聴く姿勢じゃんけん 第4章 p.142
29. ○分間じゃんけん 第4章 p.143
30. ○時○分じゃんけん 第4章 p.143
31. 他己紹介じゃんけん 第4章 p.146
32. ほめほめじゃんけん 第4章 p.147
33. ○人組あいこじゃんけん 第4章 p.147
34. マイノリティーじゃんけん 第4章 p.147
35. 中国語じゃんけん 第4章 p.150
36. 何語じゃんけん 第4章 p.151
37. たし算じゃんけん 第4章 p.156
38. ひき算じゃんけん 第4章 p.156
39. かけ算じゃんけん 第4章 p.157
40. わり算じゃんけん 第4章 p.157
41. ぬいぐるみ落とし 第5章 p.162
42. じゃんけん大会 第5章 p.164
43. BGMじゃんけん 第5章 p.168

本書で紹介した学級あそび43の一覧

1．ギョーザじゃんけん 第１章 p.12
2．様々な料理じゃんけん 第１章 p.12
3．第４の手の内じゃんけん 第１章 p.17
4．じゃんけん汽車ぽっぽ 第１章 p.22
5．ハイタッチじゃんけん 第１章 p.30
6．全員同じ手の内じゃんけん 第１章 p.33
7．ランニングじゃんけん 第１章 p.58
8．深呼吸じゃんけん 第１章 p.59
9．ジェスチャーじゃんけん 第１章 p.59
10．微笑みじゃんけん 第１章 p.62
11．アイコンタクトじゃんけん 第２章 p.77
12．改ラインじゃんけん 第２章 p.82
13．ラインじゃんけん汽車ぽっぽ 第２章 p.86
14．高速じゃんけん 第２章 p.90
15．スローじゃんけん 第２章 p.90
16．速度チェンジじゃんけん 第２章 p.91
17．書き順じゃんけん 第２章 p.93
18．折り紙じゃんけん 第２章 p.93
19．旗じゃんけん 第２章 p.94
20．絵じゃんけん 第２章 p.95
21．おもしろ音読じゃんけん 第２章 p.101

まとめ

「とっておきの学級（楽求）あそびを生み出す6ステップ」図解

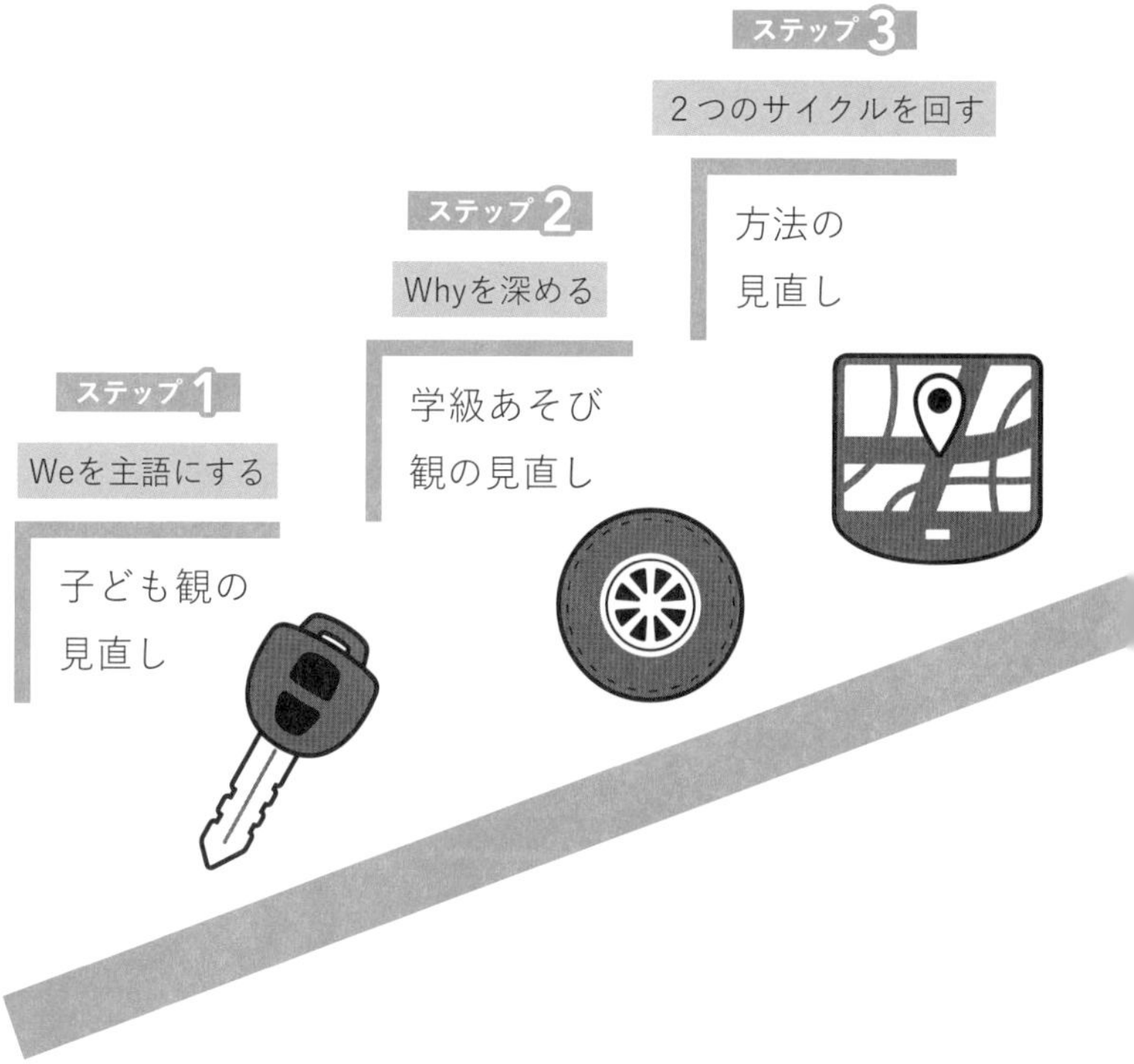
ステップ1
Weを主語にする
子ども観の
見直し
ステップ2
Whyを深める
学級あそび
観の見直し
ステップ3
2つのサイクルを回す
方法の
見直し

おわりに

学級あそびが必要なくなる瞬間—とっておきの学級あそびを—

本書は、学級あそびについての抽象と具体を往還しながら読んでいただけるように執筆した本です。ステップ1から6までの段階を踏むことで、子どもたちの実態に合わせたとっておきの学級（楽求）あそびが生み出せると信じています。

そろそろ『楽求あそび』の車のドライブも終わりが近づいてきました。みなさんは本書を、山の何合目から眺めて読みますか？　具体を知るためにも、抽象を深めるためにも、どちらにも活用していただけると幸いです。

今も私の学級では、学級あそび実践の試行錯誤が続いています。挑戦はいつまでも続くのです。きっと私一人で続けることはできなかったでしょう。一緒に考え、楽しむ目の前の子どもたちがいたからこそ、とっておきの学級あそびは生まれ続けてきたのだと思います。今まで担任し、この実践を一緒に積み重ねてきた学級の子どもたち全員に感謝の気持ちを伝えたいです。

ここで紹介されている子どもたちとの数多くのエピソードは、そのほとんどが失敗談のように見えるでしょう。とっておきの学級あそびを創造していく道のりは、ただひたすらいいあそびを集めて実践する道のりよりも遥かに険しく、上手くいかなかったことの方が多かったからです。

しかし、失敗して終わらなければ失敗談とはなりません。そこから反省し、子どもたちと一緒になって考え、試行錯誤することを続けていけば、必ず上手くいく瞬間が訪れ、「成長談」として話せるようになります。

そんなとっておきの成長談を凝縮させながら、理論的背景も踏まえて「とっておきの学級（楽求）あそびとは何か」について筆を執らせていただきました。

読者のみなさまにとって、ただの学級あそび集の本とはひと味違う本になれたのなら幸いです。本書を通して、小学校教育におけるあそびについて、もっと深く考えるきっかけになれたらと切に願っています。

その上で最後に、学級あそびが必要ない瞬間も訪れることについて考えてみましょう。

そもそもあなたは何のために学級あそびをしてきましたか。もし今の学級の人間関係が良好で、子どもたちが自律的にあそびを楽しめる豊かな学級文化が形成されているのであれば、わざわざ授業の時間や朝の会の時間を使って学級あそびをする必要はないはずです。

私の学級では、子どもたちが自ら次のような質問をしてきます。

「今度のお楽しみ会であそぶ内容について、みんなで話し合う時間をどこかでいただけないでしょうか」

「この前話し合った結果、〇〇というあそびを行うことに決まりました。体育館が使える時間はありますか？」

子どもたちから求められた時間や場を提供する。担任としての仕事はそれだけでよくなるのです。こうなると、学級あそびの実践の最終到達点は、**学級あそびが必要ない学級へと育て上げること**ではないでしょうか。

なぜならそれはもう、子どもたちの主体的にあそぶ態度が養われ、生産サイクルが止まらない楽求あそびになっているからです。

前著『こどもの心に響く　とっておきの話１００』の出版後、２冊目の単著となる本書の執筆の機会をいただき、この場をお借りして深く感謝申し上げます。東洋館出版社の畑中潤さんには、企画の段階からたくさんのご示唆をいただき、私が考えてきたことを一冊の本としてまとめる大きな助けとなりました。ありがとうございました。

とっておきのあそびは創れるのです。目の前の子どもたちの可能性を信じ、一緒に楽しく求めていきませんか？　あなたの学級でも、誰かから教わった学級あそびではなく、オンリーワンな楽求あそびをする子どもたちの笑顔であふれることを願い、筆を置きます。

２０２３年７月　大空に広がる力強い入道雲の下で

くろぺん

謝辞

その日は突然訪れました。前著『こどもの心に響くとっておきの話100』を、勤務校の同僚たちの目の前で紹介する日です。本を出しているなんて全体の前で言ったら、少なからず角が立ってしまうのではないか。こんな自分でいいのだろうか。当時は様々な葛藤を抱えていました。

そんな未熟な私を、「本を出している先生」という色眼鏡で見ずに、今までと変わらずに接してくださった同僚のみなさんの温かい反応一つひとつが本当に嬉しく、励みになったことをここでまず紹介させてください。

教師には、三つの軸があります。実践軸と研究軸、そして発信軸です。私はたまたま出合ったＳＮＳの媒体を通して、まわりの同僚よりも少しだけ発信軸が長い。それだけなのです。「本を出している教師＝力量ある教師」ではないのです。

私にはまだ実践軸と研究軸の長さがそれぞれ足りていません。実践軸を縦、研究軸を横とした底面の面積。この面積に発信軸の高さをかけ合わせてできる体積が、その人の教師としての力量の大きさとなります。前著と同様に、2冊目の単著執筆となった本書においても、私自身のそれまでの面積の狭さを痛感し、さらに実践や研究を積み重ねるよい機会となりました。

その中でも、自分の実践軸や研究軸を伸ばしてくれる、とっておきの研鑽場所は、勤務校の他にありません。実践の起点も、研究の起点も、すべて自分が教師として身を置かせていただいている学校現場なのです。決してどこかのセミナーでも、学会でもないのです。だからこそ、目の前にいる大好きな子どもたちや、お互い満身創痍になって働く戦友の同僚たちに、感謝の気持ちを忘れず、今後も現場での研鑽を積み重ねていかなければならないと思います。そこで培った実践と研究の確かな積み重ねで出来上がった面積をもって、今後も発信軸という高さを伸ばし、確かな体積をもった力量ある教師を目指したいです。

勤務校には、力量ある教師と呼べる同僚がたくさんいます。先輩、後輩に関係なく、憧れの先生がたくさんいるのです。私はこの職場を誇りに思います。

そして家には、本の執筆活動に最大限の理解を示してくれる家族がいます。特に妻には頭が上がりません。この本も前著と同様に、家族の協力がなければ完成していません。

とっておきな同僚たちと、愛する家族への感謝の気持ちを最後に綴り、謝辞とさせていただきます。ありがとうございました。

引用・参考文献

筆者『タイトル』出版社、出版年（引用・参考頁）

第1章

庄子寛之・深見太一『子どもがつながる！　オンライン学級あそび』学陽書房、2020年（37頁）
赤坂真二『クラスを最高の雰囲気にする！　目的別学級＆授業アイスブレイク50　たった5分でアクティブ・ラーニングを盛り上げる！』明治図書、2017年（12頁）
甲斐崎博史『クラス全員がひとつになる　学級ゲーム＆アクティビティ100』ナツメ社、2013年（18頁）
樋口万太郎・神前洋紀『Well-beingなクラスになる♪5分あそび』学陽書房、2023年（2頁）
中村健一『新装版　ゲームはやっぱり定番が面白い！　ジャンケンもう一工夫BEST55＋α』黎明書房、2023年（1頁）
多賀一郎・鈴木優太『ロケットスタートシリーズ　学級づくり＆授業づくりスキル　レク＆アイスブレイク』明治図書、2023年（17頁）
鈴木邦明・赤堀達也『子どもの心と体のストレスを緩和する　リラックス学級レク75』明治図書、2022年（14－16頁）

第2章

多賀一郎・鈴木優太『ロケットスタートシリーズ　学級づくり＆授業づくりスキル　レク＆アイスブレイク』明治図書、２０２３年（13－31頁）

甲斐崎博史『クラス全員がひとつになる　学級ゲーム＆アクティビティ１００』ナツメ社、２０１３年（22、23頁）

樋口万太郎・神前洋紀『Well-beingなクラスになる♪5分あそび』学陽書房、２０２３年（２頁）

第3章

小学校学習指導要領解説　特別活動編（１４５頁）

三好真史『学校が大好きになる！　小1プロブレムもスルッと解消！　1年生あそび１０１』学陽書房、２０２１年（10、11頁）

日野英之『教師力ステップアップ　5分でクラスの雰囲気づくり！　ただただおもしろい休み時間ゲーム48手』明治図書、２０１８年（９－10頁）

宮川八岐『学級における集団活動経営の理論と方法　個を生かす集団活動と学級文化の創造　学級経営の秘策・12の実践アイデア』東洋館出版社、１９９７年（１５４、１５５頁）

「休みのすごし方」アンケート調査結果　キッズ@nifty

庄子寛之・深見太一『子どもがつながる！　オンライン学級あそび』学陽書房、２０２０年（28－29、36頁）

小学校学習指導要領（96頁）

生徒指導提要、２０２２年（17、19頁）

［著者略歴］
くろぺん

1990年愛知県生まれ。公立小学校教諭。教職８年目。勤務校では今年度、特別活動主任を務めている。子どもに語る説話づくりの実践を続け、創った説話原稿をX（旧Twitter）上に500話以上公開中。【＃アレンジじゃんけん】では、じゃんけんをアレンジした学級あそびを100以上紹介している。学級経営の考え方や実践をはじめ、教育をテーマにした様々な発信をしている。著書に『こどもの心に響く とっておきの話100』（東洋館出版社）がある。『ロケットスタートシリーズ 学級づくり・授業づくりスキル 朝の会・帰りの会』（明治図書）共同執筆者。２児の父親として、子育てと仕事に奮闘中。

子どもと創るアレンジじゃんけん！
とっておきの学級あそび

2024（令和6）年3月15日　初版第1刷発行

著　者：くろぺん
発行者：錦織圭之介
発行所：株式会社 東洋館出版社
〒101-0054　東京都千代田区神田錦町2丁目9番1号
コンフォール安田ビル2階
（代　表）　電話03-6778-4343　FAX03-5281-8091
（営業部）　電話03-6778-7278　FAX03-5281-8092
振　替　00180-7-96823
U R L　https：//www.toyokan.co.jp

装　　丁：小口翔平＋畑中茜（tobufune）
イラスト：フクイヒロシ
組　　版：株式会社明昌堂
印刷・製本：株式会社シナノ

ISBN978-4-491-05425-4　Printed in Japan